Was Menschen bewegt

Freude

Was Menschen bewegt

Freude

herausgegeben von Gabriele Hartlieb

KREUZ

www.kreuz-verlag.de

Umschlaggestaltung und Konzeption: Agentur R.M.E
Eschlbeck / Hanel / Gober
Umschlagmotiv: © Ilka Gdanietz / mauritius images

Satz: de·te·pe, Aalen
Herstellung: fgb · freiburger graphische betriebe
www.fgb.de

Gedruckt auf umweltfreundlichem, chlorfrei gebleichtem Papier
Printed in Germany

ISBN 978-3-451-61001-1

Inhalt

1 Keine Schwarzmalerei! Das Leben ist bunt

Anselm Grün: Das Leben ist so bunt 8
Gottfried Bachl: Großzügig sein –
Lehren aus dem Garten 9
Paul Gerhardt: Geh aus, mein Herz! 15
Lorenz Marti: Herzensfreude statt Grübeleien 17
Verena Kast: Freuden neu entdecken 20
Anton Lichtenauer: Fünf-Sterne-Freuden 28
Margrit Irgang: Die Kunst,
das Freudenfeuer anzuzünden 29

2 Ja sagen: Dankbarkeit macht froh

Friedrich Nietzsche: Ja zum Augenblick 34
Richard Rohr: Das »mystische Minimum« 35
Petra Stadtfeld: Erfülltes Leben 36
Notker Wolf: Zur Freude geboren 37
Regel von Taizé: Vollkommene Freude 44
David Steindl-Rast: Staunen und Dankbarkeit 45
Joan Chittister: Das Geschenk der Jahre 55
Jörg Zink: Ekstasen nicht fürchten 61
Anselm Grün: Der Engel der Dankbarkeit 64

3 So viel Schönheit! Augen auf und mit dem Herzen sehen lernen

Anthony de Mello: Sehen können 66
Meister Ryokan: Herbstmond 67
Ingrid Riedel: Von der Schau des Lebens 68
Matthias Claudius: Täglich zu singen 76

Anselm Grün/Johannes M. Roth: Du bist schön 71
Margot Käßmann: Schönheit feiern 81
Andrea Länger: Nehmen Sie Liebe an 90
Ingrid Riedel: Schön sein! 92
Dorothee Sölle: Liebe zur Schönheit 94
Klaus Renn: Freude – schöner Götterfunken 96

4 Mit offenen Händen – Freuen können sich alle, die Gutes zu tun haben

Dalai Lama: Auf kluge Art egoistisch sein 102
Henning Scherf: Aktivitäten 106
Anthony de Mello: Alles, was dein Herz begehrt 111
Ruth Pfau: Die Angst loslassen und springen 112
David Steindl-Rast: Die Arbeit genießen 115
Johannes XXIII: Nur für heute 119
Mark Vernon: Arbeiten heißt Sinn finden 121
Richard Goodman: Routine 125

5 Klarheit, Licht und Weite – Freude ist ein großes Gefühl

Hermann Hesse: Im Reigen der Welt 134
Paul Gerhardt: Die güldne Sonne 135
Fulbert Steffensky: Schön und wahr 136
Dorothee Sölle: Freude spüren 141
Traugott Schächtele: aussichts reich 142
Margrit Irgang: Klarheit, Licht und Weite –
Die Bergphase 143
Anthony de Mello: Frei werden 146
Katharina Schridde: Wie klingt mein Lebenslied? 147
Jörg Zink: Der große Tanz 153

Quellenverzeichnis 155

1 Keine Schwarzmalerei!

Das Leben ist bunt

Das Leben ist so bunt

Anselm Grün

Jeder Tag zeigt es aufs Neue: Dass das Leben schön ist, muss man einem nicht erst mit Vernunftargumenten nahebringen. Man braucht nur seine Sinne öffnen, die Augen aufmachen für das Leben, sich einlassen auf die schönen Dinge um uns herum.

»Schau, das Leben ist so bunt«, beginnt ein Gedicht von Selma Meerbaum Eichinger. Wenn wir es lesen, dann werden auch wir unmerklich zu einer anderen Sicht unseres Lebens gedrängt. Indem wir ihre Verse, ihre Bilder, ihre Eindrücke in uns aufnehmen, wächst in uns die Lust am Leben. Wir sehen das Leben auf einmal leichter und heller. Wer einen solchen Text auf sich wirken, wer ihn in sich eindringen lässt, wird tatsächlich spüren, dass er in ihm etwas auslösen kann:

»Schau, das Leben ist so bunt.
Es sind so viele schöne Bälle drin.
Und viele Lippen warten, lachen, glühn
Und tuen ihre Freude kund.
Sieh nur die Straße, wie sie steigt:
So breit und hell, als warte sie auf mich …«

Jeder neue Tag ist eine solche Einladung. Jeden neuen Morgen wartet das Leben auf mich, hell und bunt.

Großzügig sein – Lehren aus dem Garten

Gottfried Bachl

Statt in der Bibel zu blättern gehe ich durch den frühsommerlichen Garten. Ich habe keine Vermessung im Sinn, sondern möchte erfahren, wie es die Geschöpfe treiben, ob mich die Natur in ihrer bewegtesten Zeit inspiriert, ein spendables Herz zu haben und großzügig zu sein.

Das Gras

In der Wiese des frühsommerlichen Gartens liegend gerate ich in ein Gefühl des Unzähligen. Rundherum, drunter und drüber das Gedränge der Halme, Millionen mal die Häufung der einzelnen Gewächse, die sich nicht vermischen. Jedes, so schmal und dünn es sein mag, hat eine Stelle für seine Wurzel und hebt sich dem Licht entgegen, um wenigstens einen Spalt zu finden, in dem es seine Gestalt bilden kann. Das Ineinander von Einzelheit und Masse, das Unverwechselbare und das Unzählige, Ausstreuung und Vermengung, Angst und Scham steigen auf in dieser Lage im Gras, so viele Male unterschieden zu sein, so sehr dieses und nicht jenes sein zu dürfen. Erleichterung durch das Bild aus dem Evangelium: der Haare und Halme zählende Gott, seine Lust am Einzelnen, das hohe Auge für den Umriss.

Da reden freilich gleich die Mystiker drein und schwingen, wie Johannes Tauler, den Besen. Sie sind gefangen in der Bezauberung durch die Leere, die angeblich entstehen muss, bevor Gott in die Seele kommt. Als stünden sich

Gott und Geschöpf im Weg: Das massige Gesicht des Absoluten lässt keinen Platz und wird ganz und gar dafür eingesetzt, alle Platzrivalen zu verdrängen.

Aus dem Gras höre ich den Einspruch gegen diese Neidspekulation. Und auch aus dem Evangelium: immer wieder den blitzhaften Einsatz für das Winzige, Einzelne, in der Menge Verlorene, das Kleine, über das die Eigentlichkeit hinwegrollt, das Korn, den Staub. Gott, sagt das Gras, ist der, dem nichts ausweichen muss, der sich um seinen Platz nicht sorgt, der niemanden wegbugsiert, sondern die Dinge in ihrem dichtesten Zustand aufsucht. Der den Platz des Lebens gönnende Gott ist die reale Großzügigkeit, von der alles andere eine sagbare Bedeutung gewinnt: die Öffnung der Gegenseitigkeit. Der Schöpfer des Grases spricht los von dem Schuldkomplex, der wie ein Irrlicht durch die geistliche Welt tanzt, dass es eine Schande wäre, einzeln zu sein und es auch zu wollen. Wenn nicht ein Grundton dieser Art allem vorausgesetzt und zugrunde gelegt ist, gibt es wenig Anlass zur Freude an den Dingen und zum Vertrauen darauf, dass die Menge der Geschöpfe in der bewahrenden Liebe aufgehoben ist.

Der Marienkäfer

Das hübsche Insekt fällt mir einleuchtend ins Auge. Auf dem Mantel der Madonna spazieren gehen – wer wollte dem schön gezeichneten Wesen streitig machen, dass es dahin passt, im lieben Muster seines Kleides? Das fromme Auge sieht die fröhliche Übereinstimmung auf die Flügeldecken gemalt. Sollte dem so freundlich Erscheinenden nicht alles entgegenkommen, von oben und unten, gegönnt sein, ohne Vorbehalt und Nörgelei? Ist der Käfer vielleicht geschaffen, der schwerfällig mit ihren Messgeräten werkelnden Menschenseele ein Gleichnis der Leichtigkeit zu sein, das sie verlockt, ihre Energien kommen und gehen zu lassen, sorglos und überschwänglich?

Der Garten nötigt dem Auge auch andere Bilder auf, an denen es erschrickt und neugierig wird. Der Muttergotteskäfer ist mit kräftigen Fresswerkzeugen ausgestattet, die er konsequent benützt. Mit Begier und Genuss fasst, beißt und fräst er an der Kolonne der Blattläuse, die am Rosenstrauch angetreten ist, um sich am Saft der königlichen Blume zu nähren. Der Anblick schockt mich mehr, als er mich belehrt. Ich höre die Kiefer des lieben Tierchens krachen. Wie der Vermutung ausweichen, es könnte auch in dieser Perspektive etwas angedeutet sein? Dass die Schöpfung die Auslösung eines Kampfes, die Inszenierung einer dramatischen Geschichte ist, dass in ihr ein wilder Impuls arbeitet? Das Gönnen und die Zumutung wären ineinander verschränkt, und die treibenden Bedürfnisse aufeinander losgelassen.

Wer sich vor diesem Rätsel in Positur setzt, um ein bisschen verbalen Tugendaufwand zu treiben, dem schließt sich das Mundwerk schnell. Ungeheures zeigt sich, das sich nicht mit den Formeln der moralischen Bequemlichkeit »aufarbeiten« lässt. Wer weiß denn anzugeben, was in diesen Hintergründen großzügig genannt werden kann: das Ver-bergen oder das Ent-bergen der wahren Verhältnisse, oder beides? Leben dürfen in der Gnade der Oberfläche, glücklich sein, ohne je etwas von der Tiefenstruktur der Moleküle gesehen zu haben, oder gefangen von der Evidenz, die sich in den kosmischen Abgründen auftut? Und wie soll ich in meinem kleinen Leben diese naturhafte Großzügigkeit praktizieren? Kann ich mehr tun, als mich dreinfinden, mich üben im gespannten Schritt zwischen der Notwendigkeit des Verzehrens und der zwecklosen Freude an den Dingen?

Es ist wohl ratsam, sich Gedanken zu machen. Zum Beispiel im Disput mit der überlieferten Gottesweisheit, die ihre Überzeugung, dass der Schöpfer gut ist und mit guter Absicht handelt, nicht allein mit dem Hinweis begründet, dass dieses Gutsein an der Qualität seiner Werke abzulesen sei. Fundamentaler ist ihre Behauptung, der Urheber der Welt gebe schaffend seine Schöpferkraft an die Dinge weiter, schenke ihnen etwas von seiner Ursächlichkeit, mache, dass sie sich machen. In dieser Begabung kann die Hoffnung ihren Grund haben, dass die Ökumene der Kreaturen auf ihrem Weg hinfindet in die Stadt Gottes. Dort wird, so lautet der Traum, unterhaltsamer Friede sein, nahrhaftes Fest, aber kein törendes Verzehren. Das ist gewiss keine Tour für Spaziergänger.

Die Gartengrasmücke

Der unscheinbare Vogel ist flink unterwegs im Geäst der Schwarzerle. Er scheint imstande zu sein, seinen kleinen Körper ganz und gar in Töne umzusetzen, von der Zehe bis zum Schnabel Lied zu werden. So kommt es mir vor, wenn ich der Grasmücke zuhöre. In den Lehrbüchern der Vogelkunde steht dazu eine recht nüchterne Erklärung. Der Gesang des Tieres, so die Ornithologen, sei nichts anderes als ein funktionales Geräusch, das ganz und gar von einem bestimmten Zweck regiert wird. Dieser heißt Revierabgrenzung und Balz. Die Grasmücke zieht eine hörbare Linie um die Zone, die sie für ihre Nahrungsbeschaffung und die Fortpflanzungsarbeit braucht. Sie lockt Geschlechtspartner zur Begattung an. Der Zuhörer unter dem Jasminstrauch, in dem der Vogel musiziert, hat diese funktionale Beschränkung längst übersprungen und hört ganz naiv ein zweckloses Lied, die Koloratur der Lust, die pure Freude. Der Gesang, so kommt es dem Lauschenden vor, springt über alles hinweg, über all das Messbare und Vergeltungsfähige, ein heiliges Plus wird hörbar, stimmt zusammen mit dem, was man in eigenen Verhältnissen an Zustimmung erlebt hat, das schlicht gesagte Ja zum Leben, das Sanktuslied, die Fontäne des Jubels.

Der Vogelexperte mahnt, man solle dem sympathischen Geschöpf doch kein Concerto grosso andichten. Ja, das ist zu beherzigen, sagt der berauschte Zuhörer. Trotzdem bleibe ein Mehrwert, meint er, und äußert den Gedanken, die Grasmücke singe, was jenseits von ihr verstanden wird. Das Lied werde erst im menschlichen Ohr mit voller Partitur wahrgenommen.

Das Vogellied sei ein Beispiel für einen Sachverhalt, der an vielen Stellen der geschöpflichen Welt zu finden ist: Geben mehr als man hat und kann, mehr als an der eigenen Gabe erkannt und besessen wird. Der Überschlag der Töne, die Verwandlung in das Ungeheure, das Aufspringen des Überschüssigen, die allen Nutzen überholende Bejahung. Nicht von ungefähr sei die Musik auf dem Gerüst der Tonleitern gebaut, die von der Erde in den fliegenden Himmel reichen, wie Franz Grillparzer in seiner Erzählung *Der arme Spielmann* schreibt: »Sie spielen den Wolfgang Amadeus Mozart und den Sebastian Bach, aber den lieben Gott spielt keiner. Die ewige Wohltat und Gnade des Tons und des Klangs, seine wundertätige Übereinstimmung mit dem durstigen, lechzenden Ohr, … das der dritte Ton zusammenstimmt mit dem ersten und der fünfte desgleichen, und die nota sensibilis hinaufsteigt … die fuga und das punctum contra punctum und der canon a due, a tre und sofort, ein ganzes Himmelsgebäude, eines ins andere greifend, ohne Mörtel verbunden, und gehalten von Gottes Hand.«

So öffnet mir der Vogel mit seinem Lied den Horizont der Lebenslandschaft in das Überschwängliche. Der Käfer, bunt und gefräßig, setzt das Signal des Kampfes, dem ich samt meinen Harmoniegefühlen ausgesetzt bin. Und das gewöhnliche Gras prophezeit eine ewige Aufmerksamkeit, der nichts zu klein ist.

Ich freue mich des Lebens, suche keine Dornen,
hasche die kleinen Freuden.
Sind die Türen niedrig, so bücke ich mich.
Kann ich den Stein aus dem Weg räumen, so tue ich es;
ist er zu schwer, so gehe ich um ihn herum.
So finde ich alle Tage etwas, das mich freut.
Und der Schlussstein, der Glaube an Gott,
macht mein Herz froh und mein Angesicht fröhlich.
Catharina Elisabeth Goethe

Geh aus, mein Herz!

Paul Gerhardt

Geh aus, mein Herz, und suche Freud
in dieser lieben Sommerzeit
an deines Gottes Gaben;
schau an der schönen Gärten Zier
und siehe, wie sie mir und dir
sich ausgeschmücket haben.

Die Bäume stehen voller Laub,
das Erdreich decket seinen Staub
mit einem grünen Kleide;
Narzissus und die Tulipan,
die ziehen sich viel schöner an
als Salomonis Seide.

Die Lerche schwingt sich in die Luft,
das Täublein fliegt aus seiner Gruft
und macht sich in die Wälder;
die hochbegabte Nachtigall
ergötzt und füllt mit ihrem Schall
Berg, Hügel, Tal und Felder.

Der Weizen wächset mit Gewalt,
darüber jauchzet jung und alt
und rühmt die große Güte
des, der so überfließend labt
und mit so manchem Gut begabt
das menschliche Gemüte.

Ich selber kann und mag nicht ruhn,
des großen Gottes großes Tun
erweckt mir alle Sinnen;

ich singe mit, wenn alles singt,
und lasse, was dem Höchsten klingt,
aus meinem Herzen rinnen.

Hilf mir und segne meinen Geist
mit Segen, der vom Himmel fleußt,
dass ich dir stetig blühe;
gib, dass der Sommer deiner Gnad
in meiner Seele früh und spat
viel Glaubensfrüchte ziehe.

Mach in mir deinem Geiste Raum,
dass ich dir werd ein guter Baum,
und lass mich Wurzel treiben.
Verleihe, dass zu deinem Ruhm
ich deines Gartens schöne Blum
und Pflanze möge bleiben.

Leben ist Atem.
Atem ist Geist.
Geist ist Freude.
Surya Das

Herzensfreude statt Grübeleien

Lorenz Marti

Selbst wenn ich allein gehe, gehe ich selten allein. Dicht auf dem Fuß folgen mir meine Sorgen. So kommt es vor, dass ich durch die schönste Landschaft wandere – und dabei an lauter unangenehme Dinge denke.

Wie die Blumen auf dem Feld sollen wir sein, frei von allen Sorgen, heißt es in der Bergpredigt. Aber wenn ich so in meine düsteren Fantasien versponnen bin, sehe ich die Blumen nicht.

Zwischendurch erwache ich aus dem bösen Traum und schaue richtig hin. Fast scheint mir, als müsste ich mich bei den Blumen entschuldigen, dass ich so achtlos an ihnen vorbeigegangen bin. Immerhin bin ich jetzt da, zumindest für einen Moment, und zwar allein.

Dann gehe ich weiter, und nach ein paar Schritten haben die Sorgen mich schon wieder eingeholt. Erneut beginnt ihr aufdringliches und ermüdendes Geschwätz. Und schon fällt wieder ein grauer Schleier über die schöne Landschaft, und ich nehme außer meinen Sorgen kaum mehr etwas wahr.

Stopp!

Ich bleibe stehen und schüttele die ungeliebten Begleiterinnen ab. Jetzt ist nicht der Moment, mir Sorgen zu machen. Und es gibt auch gar keinen unmittelbaren Anlass dazu. Hier jedenfalls nicht. Hier ist ein Feldweg, gesäumt von einer Wiese mit viel gelb leuchtendem Löwenzahn. Daneben ein paar Apfelbäume in voller Blüte.

Warum mir Sorgen machen?

Wenn ich mich genau beobachte, stelle ich fest, dass ich den besonders stimmigen und schönen Momenten nie ganz traue, weil die Sorgen fehlen. Ich beginne zu suchen, ob nicht doch irgendwo ein Problem lauern könnte, und ich finde jedes Mal eines. Insofern darf ich mich nicht über die Aufdringlichkeit meiner lästigen Begleiterinnen beklagen, ich lade sie ja selber ein, auch wenn mir das selten bewusst ist.

Doch es gibt entschieden bessere Begleiter. Zum Beispiel den alten Josua Ben Sira. Er lebte vor mehr als zweitausend Jahren und war Lehrer der Weisheit an der Akademie von Jerusalem. Etliche seiner Sprüche (nachzulesen im biblischen Buch Jesus Sirach) sind eigentlich Anweisungen zu einem glücklichen Leben.

Weil sich die Menschen damals schon (zu) viele Sorgen machten, mahnt Ben Sira: »Überlass dich nicht den Sorgen, schade dir nicht selbst durch dein Grübeln! Denn Herzensfreude ist für den Menschen Leben, und Frohsinn macht seine Tage lang.« Wenn ich mit diesen zwei Sätzen gehe statt mit den vielen Sorgen, wird mein Weg anders verlaufen. Die Herzensfreude erwacht, und ich genieße, was ich erlebe.

Wahrscheinlich sind viele Sorgen auch eine unbewusste Absicherung gegen mögliche Tiefschläge. In der Antike war das Bedenken des Üblen, die *praemeditatio malorum*, eine Methode, um auf das Schlimmste gefasst zu sein. Trat es ein, war man vorbereitet, trat es nicht ein (was wohl meistens der Fall war), erlebte man eine erfreuliche Überraschung. Allerdings war diese *praemeditatio* eine bewusst praktizierte Übung, um dem Leben angemessen begegnen zu können. Die Sorgen dagegen wuchern im Dunkel der Unbewusstheit und verbreiten nur diffuse Ängste.

Ben Sira gibt zu bedenken, dass Sorgen und Schwarzmalerei vor der Zeit alt machen und das Leben verkürzen. Diese Bemerkung könnte jetzt Anlass zu einer weiteren Sorge sein, doch so hat es mein Begleiter natürlich nicht gemeint. Er macht nur auf die Folgen aufmerksam. Und mich vor lauter Sorgen vorzeitig altern zu lassen, während ich durch die frühlingshaft junge Landschaft spaziere, wäre ziemlich dumm.

»Lass dir die Freuden nicht entgehen, die dir beschieden sind!«, sagt Ben Sira. Er meint keine eingebildeten Freuden in einer fernen Zukunft. Er meint die Freude, hier zu sein und den nächsten Schritt tun zu dürfen.

Man sollte nicht ängstlich fragen:
Was wird und kann noch kommen?
Sondern sagen:
Ich bin gespannt,
was Gott jetzt noch mit mir vorhat.
Selma Lagerlöf

Freuden neu entdecken

Verena Kast

Meistens erzählen wir unsere Lebensgeschichte unter dem Aspekt von Schwierigkeiten: Wir erzählen, wie die Schwierigkeiten, die wir heute haben, entstanden sind, vielleicht noch, welche Schwierigkeiten wir überwunden haben, wie wir das Leben dennoch gemeistert haben, und das kann dann auch mit etwas Freude und Stolz verbunden sein.

Die Freudenbiografie nimmt eine ganz andere Perspektive ein: Es wird danach gefragt, wie und in welchen Situationen im Leben Freude und freudiger Stolz erlebt worden sind: wie wir uns die Freude bewahrt haben, wie wir sie abgewehrt haben, wie sie einem verdorben wurde und was aus ihr im Laufe des Lebens geworden ist. Ist sie weniger geworden, ist sie mehr geworden? Diese freudigen Situationen werden in der Vorstellung noch einmal erlebt, man versenkt sich imaginativ in diese Situationen – und erlebt dabei wieder Freude.

Dabei werden auch wichtige, schwierige Veränderungen im Leben sichtbar, ja in ihrer emotionalen Bedeutung sogar greifbarer. Da die Emotion der Freude das Selbstwertgefühl stärkt, ist es leichter, auch zu schwierigen Situationen zu stehen.

Was Freude auslöst

Das Gefühl der Freude erleben wir dann, wenn etwas besser ist als erwartet, uns mehr zukommt, als zu erwarten war. Wenn wir uns freuen, sind wir einverstanden mit uns, mit der Welt, mit den Mitmenschen.

In der Freude strahlen unsere Augen auf, Gesichter leuchten auf: In der Freude vermitteln Menschen den Eindruck von etwas Strahlendem, Leuchtendem, Lichtem. Die Bewegungen, die wir mit der Freude verbinden, sind Bewegungen zur Höhe und zur Weite hin: So gehen die Mundwinkel nach oben, wenn wir uns freuen oder wenn wir lächeln. Wir könnten vor Freude Luftsprünge machen oder wir werfen etwas hoch in die Luft. So wird deutlich, dass in der Freude ein Gegengewicht zur Erdenschwere und zur Dunkelheit ist. Freude suggeriert uns eine mögliche Verbundenheit mit etwas, das über uns hinausgeht.

Wenn wir uns freuen, dann fühlen wir eine Wärme in uns aufsteigen, eine körperlich erfahrbare, aber durchaus auch eine seelische Wärme. Diese lässt uns offener und lebendiger, aber auch erregter werden. Das Selbstgefühl, das wir bei der Freude erleben, ist ein Gefühl des selbstverständlichen Selbstvertrauens, das daraus resultiert, dass wir im Moment der Freude uns selbst, die Innenwelt, die Mitwelt akzeptieren können, wie sie ist, weil uns mehr zugekommen ist, als wir erwartet haben. Die Welt, das Leben – sie sind besser, als wir gedacht haben. Zu diesem selbstverständlichen Selbstvertrauen gehört, dass man sich bedeutsam fühlt, ohne dass man bedeutsam sein muss. Unser Selbstwertgefühl ist ausgewogen. Dieses selbstverständliche Selbstvertrauen, das wir als Menschen im Zustand der Freude erleben, lässt uns offen sein für andere und die Welt. Wir betrachten andere Menschen mit freundlichen, akzeptierenden Augen. Wir können dann auch etwas hergeben, gönnend sein: Wir müssen unsere Ich-Grenzen nicht stur behaupten, wir können sie öffnen. In der Freude sind wir nicht misstrauisch, manchmal dafür naiv. Wir erwarten in der Tat nichts Böses. Tritt das Böse dann doch ein, dann fühlen wir uns sehr verletzt. Man kann sich zwar schützen vor diesen Verletzungen, indem man die Freude nicht mehr zulässt. Das aber ist ein teurer Schutz.

Selbstverständliches Selbstvertrauen, Bedeutsamkeit, auf der man nicht beharren muss, Offenheit und die Möglichkeit des Sich-Öffnens: Dies alles ergibt ein Selbstgefühl der Vitalität und der Kompetenz, mit dem Leben umgehen zu können. Wir spüren neue Lebensenergie. Daraus resultiert, dass wir den Menschen nahe sein möchten, dass wir teilen möchten, dass wir den Mut finden, miteinander Lösungen zu erproben. Freude ist die grundlegende Emotion für Verbundenheit und Solidarität. Das Erleben von Freude, das Erinnern von Freude ist eine zentrale Ressource auch in schwierigen Zeiten – und für den Lebensrückblick.

Fast alles, was es gibt auf der Welt, kann auch Freude auslösen. Dabei ist zu beachten, dass es vor allem die kleinen Freuden sind, die uns den Alltag entscheidend verschönern und beleben können.

[…]

Zu einer Freudenbiografie gehören natürlich auch die aktuellen Freuden. Was löst aktuell Freude aus, gibt uns dieses beschwingte Gefühl der Leichtigkeit und der Wärme? Auch diese aktuellen Freuden können in der Vorstellung ›verlebendigt‹ werden. Oft ist es uns nämlich nicht bewusst, dass wir uns freuen. Denn wir nehmen die Qualität dieser Emotionen und dieser Gefühle zu wenig wahr. Die Gefühle von Angst und Wut etwa bleiben uns wesentlich präsenter – sie sind ja auch Emotionen angesichts einer Gefahr. Freude, freudiger Stolz aber lässt uns uns nur gut fühlen. Dass das auch lebenswichtig sein kann, vergessen wir zu leicht. Dem kann man mit einem Freudentagebuch begegnen. Oder sich während eines Spaziergangs an die Freuden der letzten vierzehn Tage zu erinnern – beharrlich, bringt auch einiges in Bewegung.

Durch solche Rekonstruktion und vielleicht noch öfter durch die Konstruktion der Freudenbiografie kommt man in Kontakt zu sich selbst als auch freudigem Menschen. In der Erinnerung wird die Freude wieder belebt. Damit werden Situationen erneut lebendig, in denen man mit sich und mit der Welt einverstanden war, in denen das Leben besser als zu erwarten war, in denen man bereit war, sich zu öffnen und mit anderen zu teilen. Wir fühlen uns ganz, im Modus des Verbundenseins mit anderen Menschen, in einem Weiterleben, das uns das Leben in seiner unerwarteten Fülle auch zeigt. Wir können gönnend sein, brauchen nicht geizig auf unserem zu beharren, nicht neidisch anderen Menschen ihr Glück missgönnen.

Durch das Erstellen einer Freudenbiografie werden wir auch für die aktuellen Erfahrungen von Freude sensibilisiert, können sie stärker wahrnehmen, achtsamer sein und sie auch mehr genießen.

Auf diese Weise kann man erlebte Freuden wieder reaktivieren: Sie sind eine wichtige Ressource, möglicherweise verbessern sie sogar unsere Immunabwehr. Vor allem aber hilft die emotionale Erinnerung an Freuden auch, das Leben nicht nur mit den Schwierigkeiten, sondern auch im Geglücktsein wahrzunehmen. Das Erstellen einer Freudenbiografie ist in jedem Alter sinnvoll, besonders aber in höherem Alter, wenn man sich mit Gewinn und Verlust auseinandersetzt. Die Freude ist auf der Seite des Gewinns. Und: Viele Freuden sind zugedeckt von den Alltagssorgen, von der Geschäftigkeit. Freude braucht Muße, auch Erinnerungsmuße. Es geht dabei nicht darum, einen Konflikt zu lösen, sondern sich einfach zu freuen. Gelingt das, dann fühlen wir uns verbunden mit anderen Menschen, mit der Natur, mit dem Ganzen. – Die Erfahrung von Freude, aktuell oder aktuell in der Erinnerung, kann zu einer wichtigen spirituellen Erfahrung werden.

Wenn wir uns freuen, schaffen wir uns eine ganz andere Welt, als wenn wir ärgerlich sind. In der Freude erzählen wir auch von uns ganz andere Geschichten, eben Freudengeschichten. Das sind Geschichten von selbstverständlichem Selbstvertrauen, von Bedeutsamkeit, auf der man nicht beharren muss, von Offenheit und der Möglichkeit des Sich-Öffnens, von einem Selbstgefühl der Vitalität und der Kompetenz, mit dem Leben umgehen zu können, von Lebensenergie. Es sind Geschichten, die meistens von Nähe zu anderen Menschen geprägt sind, von Großzügigkeit, von der Überzeugung, miteinander Lösungen zu finden. Freude ist eben die grundlegende Emotion für Verbundenheit und Solidarität.

Bei der Rekonstruktion der Freudenbiografie kann aber auch Wehmut auftauchen, darüber, dass einige Freuden zwar noch in der Erinnerung, aber nicht mehr aktuell zu erfahren sind.

Vielleicht gelingt es, sie erinnernd imaginativ ins Erleben zurückzuholen.

Eine an sich noch junge Frau, durch ihre Krebskrankheit aber in ihren Lebensmöglichkeiten sehr eingeschränkt, erzählt, wie gern sie geklettert sei. Sie verbrachte viel Zeit ihres Lebens in den Bergen, kletterte unter anderem im Himalaya. Und nun ist sie zu schwach, um bergauf zu gehen: eine verlorene Freude! Ein verlorenes Leben! Viele verlorene Freuden!

Es gelang ihr, in der Imagination die Erfahrung des Kletterns auch körperlich spürbar nachzuvollziehen. Sie konnte riechen, wie es damals in den Basislagern gerochen hatte, wie die Luft sich angefühlt hatte. Sie spürte den Körper, dem sie alles abverlangt hatte, sie spürte den Moment der Grenzerfahrung: gerade noch geschafft! »Ich kann mich wirklich zurückversetzen – und es fühlt sich sehr gut an. Die Freude kommt zurück.« Diese Imagination konnte sie bis kurz vor dem Tod realisieren und sie war für sie ein Trost.

Für viele Menschen ist Freude mit Erinnerungen an Vitalität verbunden, die in dieser Form nicht mehr zugänglich ist. Doch es ist möglich, sich wenigstens an die Freude zu erinnern, aber auch Wehmut darüber zu empfinden, dass gewisse Freuden nicht mehr realisierbar sind. Und dann kann man sich vielleicht neuen, noch möglichen Freuden zuwenden. Gelingt es, das Bleibende, die Erinnerung zu sehen, oder erleben wir nur den Verlust? Und kann man die noch möglichen Freuden, vielleicht auch ganz neue Freuden, sehen und auch wertschätzen?

Dazu ein 70-Jähriger: »Ich habe jetzt jeden Morgen Zeit, ausführlich die Zeitung zu lesen. Ich mache mir einen guten Kaffee und freue mich so richtig. Es ist eine stille Freude, aber ich freue mich auf diese Stunde.«

Eine 80-Jährige: »Ich schaue jetzt lange aus dem Fenster, ich nehme richtig das Wetter wahr und die Jahreszeiten – und ich freue mich daran, dass sich da draußen alles immer wieder wandelt. Es ist immer wieder etwas Neues zu sehen. Und dann die Vögel vor meinem Fenster! Für all das habe ich früher keine Zeit, aber auch keinen Sinn gehabt: ich war immer in Bewegung! Diese neuen Freuden sind keine lodernden Freuden, aber es sind Freuden! Ich musste lernen, stille Freuden auch als Freuden zu sehen.«

In den Freudenbiografien fällt auf, dass es offenbar vor allem stille Freuden, kleine Freuden sind, die die Lebensqualität ausmachen. Freuden, die sich ohne viel Aufwand im täglichen Leben immer wieder ereignen können. Oft sind es Freuden, die selber hergestellt werden können und die möglichst wenig abhängig von gewissen Lebensumständen sind oder davon, dass andere Menschen uns etwas Gutes tun. Das heißt nicht, dass man sich über diese unverhofften Gaben nicht freut. Aber die Freuden, die wir selber herstellen können, sind Freuden, auf die wir uns verlassen können – sie bilden eine zuverlässige, nachhaltige Ressource.

Freuden, die uns andere Menschen gewähren oder auch entziehen können, sind – so wusste schon Seneca – prekäre Freuden und nicht anzustreben, denn sie sind unterhöhlt von der Angst vor Verlust. Anzustreben sei die Freude aus dem eigenen Inneren, so Seneca. Sie stammt daher, dass man sich mit sich und dem eigenen Leben einverstanden erklärt und sich darüber freut, dass man ein Leben gelebt hat und immer noch existiert.

Und so ist auch zu fragen, wie alterstauglich unsere aktuellen Freuden sind: Sind sie es nicht, dann könnte man die alterstauglichen auswählen und sie vielleicht noch etwas optimieren.

Die Idee einer Freudenbiografie ist übrigens alt, wie auch die Wehmut darüber, dass gewisse Freuden im Alter nicht mehr realisierbar sind. Als Mittel gegen die Wehmut riet Epikur (341–270 v. Chr.), Erinnerungen an angenehme Erfahrungen sorgfältig zu speichern und sie immer wieder ins Gedächtnis zu rufen. So müsse man nicht endlos nach neuen Betätigungsfeldern suchen und entgehe vielen unbefriedigenden Situationen. Noch auf dem Totenbett soll er trotz großer Schmerzen die Gelassenheit bewahrt haben, sich an vergnügliche, inspirierende Gespräche mit Freuden zu erinnern. »All diese Schmerzen aber wiegt auf die Freude meines Herzens in der Erinnerung an die Unterredungen, die wir miteinander geführt haben.« Fürwahr eine große Wertschätzung der Freuden!

Kehre zu einem Lebensaugenblick zurück, in dem du dich tief geliebt wusstest ... Wie drückte sich diese Liebe zu dir aus? In Worten, Blicken, Gesten, in einer Hilfe, einem Brief? ... Verweile bei diesem Augenblick, solange du etwas von der Freude spürst, die dir diese Liebe gab.

Kehre zu einem Augenblick zurück, in dem du Freude empfunden hast ... Wie kam diese Freude zustande? Durch eine gute Nachricht, die Erfüllung eines Wunsches, den Anblick der Natur? ... Erlebe den Augenblick nach und spüre, was du damals gefühlt hast, von neuem ... Verweile bei diesem Augenblick, solange du kannst ... Du wirst entdecken, dass du aus diesen Erfahrungen frische Kraft gewinnst, sooft du sie wiederbelebst. Anthony de Mello

Fünf-Sterne-Freuden

Anton Lichtenauer

Eine Tasse heiße Schokolade trinken.
Ein erster Schluck Bier am heißen Sommertag.
Mit einem kleinen Kind »Guck-guck« spielen.
Den Duft von frischem Brot genießen.
Gänseblümchen pflücken.
Eine Katze streicheln.
Selber wohlig schnurren oder brummen.
Die kleinen Sternenfallschirme des
Löwenzahns in die Welt pusten.
Ein Baby anlachen.
Sich kitzeln lassen.
An einer Orange schnuppern.
Seifenblasen machen.
Lauthals singen.
Sich in den Wind stellen
und sich durchpusten lassen.
Mit Murmeln spielen.

Immer die kleinen Freuden aufpicken, bis das große Glück kommt. Und wenn es nicht kommt, was wahrscheinlich ist, dann hat man wenigstens die vielen kleinen Glücke gehabt.
Theodor Fontane

Die Kunst, das Freudenfeuer anzuzünden

Margrit Irgang

Alle Menschen wollen glücklich sein. Fragt man sie, was ihr Glück ausmache, antwortet jeder etwas anderes. Der eine glaubt, sein Glück läge in einer intakten Familie, der andere will ein eigenes Haus, der Dritte wünscht sich Gesundheit, der Vierte Erfolg und Ruhm. Nun gibt es zahllose Menschen, die Häuser besitzen und keineswegs glücklich sind; die meisten von uns sind gesund, aber glücklich sind wir nicht. Das Glück scheint so etwas zu sein wie die rachsüchtige dreizehnte Fee aus dem Märchen, deren Gaben sich als heimtückisch erweisen.

Menschen, die Zen praktizieren, sind im Allgemeinen nicht mehr so naiv zu glauben, materielle Dinge könnten ihnen Glück schenken, aber sind ihre Glücksvorstellungen nicht manchmal nur verfeinerte Versionen derselben Illusion? Sie wünschen sich vielleicht »Erleuchtung« oder »unbedingte Liebe« oder »das Ende des Leidens« – worunter sie die endgültige Abwesenheit von Krankheit, Schmerz und Kummer verstehen. Wenn die Erleuchtung ausbleibt, wenn sie sich eifersüchtig, krank und traurig fühlen, sind sie unglücklich. Krankheit und Schmerz aber sind eine Sache, und unser Unglücklichsein eine andere.

Wir könnten trotz allem immer noch Freude empfinden.

Um zu verstehen, was Freude ist, stellen wir am besten erst einmal fest, was sie nicht ist. Freude ist weder Spaß und Vergnügen noch ist sie Rausch und Ekstase. Spaß und Vergnügen sind von äußeren Objekten abhängig, die uns Vergnügen schenken sollen. Der Rausch wiederum trägt uns von uns selbst und den gegebenen Umständen fort, und sein besonderes Kennzeichen ist die Ernüchterung, die uns befällt, wenn wir aus ihm erwacht sind. Wenn Spaß und Vergnügen Strohfeuer sind und der Rausch eine Stichflamme, dann könnten wir die Freude mit einer wohlig wärmenden Glut vergleichen. Um solch eine Glut herzustellen, müssen wir in unserem Herd ein solides Feuer anzünden, und das macht man am besten mit sehr gutem Holz, das schön trocken ist und in handliche Stücke zerkleinert. Mit anderen Worten: Freude erfordert Klugheit und Geschick, sie fällt nicht so einfach vom Himmel. Wir müssen etwas tun, bevor uns die Glut wärmen kann. Wir müssen geschickte Feueranzünder werden.

Es ist ziemlich leicht, Freude zu empfinden, wenn wir ein Geschenk bekommen, verliebt sind oder Erfolg haben. Was aber geschieht, wenn Verliebtheit und Erfolg vergangen sind und das Geschenk den Neuheitswert verloren hat? Dann ist die Freude mitgegangen, als sei sie ein Anhängsel, das zu den Zuständen gehört und von ihnen mitgezogen wurde. Freude aber ist völlig unabhängig von ihrem Auslöser. Sie entsteht und vergeht in uns selbst; Freude ist eine Haltung, die wir kultivieren können.

Der neue Haarschnitt ist eine Katastrophe, der Kuchen verbrannt, draußen regnet es in Strömen, aber … aah, der Geruch nach frischer Erde, der zum offenen Fenster hereinkommt! Wir werden immer etwas finden, das unser Freudenfeuer nähren kann: die Tasse Kaffee, wenn wir durchfroren vom Markteinkauf kommen; der Anblick des ersten Schneeglöckchens; die Katze, die ihren Kopf an unserem Bein reibt. Wenn das Schneeglöckchen verwelkt, lebt unsere Freude dennoch weiter. Wenn die Katze sich von uns abwendet, bleibt unsere Freude dennoch bei uns.

Thich Nhât Hanh schlägt zum Beispiel als Praxis die »Freude am Nicht-Zahnschmerz« vor: Ist es nicht wunderbar, dass wir in diesem Augenblick keinen Zahnschmerz haben? Die Abwesenheit von Schmerz und Krankheit ist in der Tat ein Grund zur Freude – nur vergessen wir das gern, wenn es uns gerade gut geht. Falls also wirklich nicht ein winziger Span für das Freudenfeuer in unserer Reichweite liegen sollte, können wir uns immer noch darüber freuen, auf kräftigen Beinen gehen zu können (mit guten Augen sehen, mit gesunden Ohren hören zu können …).

Wenn wir auf diese Weise geübt haben, Freude zu erschaffen, werden wir auch großen Herausforderungen standhalten, die uns allen nicht erspart bleiben werden: zum Beispiel der, inmitten von Kummer und Leid noch Freude zu empfinden. »Freudenboten sind immer Kinder des Leids gewesen«, sagt der Sufimeister Hazrat Inayat Khan. Das unterscheidet die Freude vom »positiven Denken«, das uns suggerieren will, wir müssten nur die »richtigen Gedanken« denken, dann würde das Universum sein Füllhorn über uns ausschütten. Mit anderen Worten: Wir sind selber schuld, wenn unser Wagen den Dienst verweigert, wir krank werden und die Katze überfahren wird.

Wahre Freude aber schließt das Leid mit ein; sie ist so groß, warm und umfassend, dass sie es nicht nötig hat, das Leiden aus sich zu verbannen. Im Gegenteil: Das Leiden gibt ihr den dunklen Grundton, der ihr Leuchten erst zur Geltung bringt. Freude zu erschaffen bedeutet deshalb nicht, »aus der Wirklichkeit zu fliehen«, wie es freudigen Menschen manchmal unterstellt wird. Der Rauch mag uns blind machen, das Vergnügen egozentrisch, der Spaß mitleidlos – die Freude aber ist ein Ausdruck unserer wahren Natur, der Buddhanatur. Freude flieht nichts und erhellt alles, erwärmt die Umstände und uns selbst. Freude ist ein heilsames und nährendes Gefühl.

Hier wartet aber eine neue Falle auf uns. Wir dürfen auf keinen Fall den Fehler machen, uns zu freuen, *weil* wir leiden – oder gar uns das Leiden zu wünschen, *damit* wir uns auf »rechte spirituelle Weise« heroisch freuen können. So würden wir uns zu Märtyrern stilisieren, und das hat nichts mit Zen und der Freude als Ausdruck unserer wahren Natur zu tun. Wenn wir leiden, suchen wir nach den Ursachen des Leidens und dann nach einem Weg, das Leiden zu beenden. Das ist buddhistische Praxis. Aber während wir leiden, nach den Ursachen suchen und dem Weg es zu beenden, ist die Freude anwesend. Sie ist die wärmende Glut, die unseren Körper entspannt; sie ist der feine Geruch, der unsere Nüstern weitet; sie ist die Geborgenheit, die unseren Geist beruhigt, so dass er uns neue, nie zuvor gedachte Lösungen präsentiert: Ja, ich bin arbeitslos, sehne mich nach einer Partnerin, und im Apfelkeller wüten die Mäuse, aber da ist doch noch etwas, was ist da noch gleich …

Da ist die Freude. Sie wartet auf Futter. Auf einen winzig kleinen trockenen Span, wir werden ihn finden. Sie wird es uns lohnen.

2 Ja sagen:
Dankbarkeit macht froh

Ja zum Augenblick

Friedrich Nietzsche

Es ist ganz und gar nicht die erste Frage, ob wir mit uns zufrieden sind, sondern ob wir überhaupt irgendwomit zufrieden sind. Gesetzt, wir sagen ja zu einem einzigen Augenblick, so haben wir damit nicht nur zu uns selbst, sondern zu allem Dasein ja gesagt. Denn es steht nichts für sich, weder in uns selbst noch in den Dingen: und wenn nun ein einziges Mal unsre Seele wie eine Saite vor Glück gezittert und getönt hat, so waren alle Ewigkeiten nötig, um dies eine Geschehen zu bedingen – und alle Ewigkeit war in diesem einzigen Augenblick unseres Jasagens gutgeheißen, erlöst, gerechtfertigt und bejaht.

Das »mystische Minimum«

Richard Rohr

Gilbert Keith Chesterton sprach vom »mystischen Minimum«, das er als *Dankbarkeit* definierte. Wer aus der unermesslichen Fülle des wahren Selbst lebt, dem bleiben weder Gedanke noch Zeit noch Raum, sich verletzt zu fühlen. Er weiß sich immer in Sicherheit und Ruhe und zutiefst dankbar …

Um allem Vorgegebenen gegenüber dankbar sein zu können – um also zu sehen, dass das Glas noch halb voll ist –, bedarf es völlig anderer Augen als der, die nur sehen, dass das Glas schon halb leer ist. Ich glaube, man kann ohne Vereinfachung sagen, dass Menschen grundsätzlich entweder aus einer Grundhaltung der Dankbarkeit oder einer Grundeinstellung des Grolls leben. Dankbarkeit stellt das »mystische Minimum« dar: Sie anerkennt, dass alles Gegebene – selbst die Tatsache, dass ich atme – reines Geschenk ist. Niemand von uns hat es sich verdient, niemand hat ein Recht darauf. Uns bleibt einzig niederzuknien und den Boden zu küssen – irgendwo, gleich wo, überall.

Erfülltes Leben

Petra Stadtfeld

Wie erfüllt wäre mein Leben
wenn ich annehmen könnte
was ist

Wenn ich Ja sagen könnte zu dem
was mich geprägt hat

Wenn ich zuversichtlich
dem neuen Tag entgegensehen
könnte

Schenke mir
Gott
ein versöhntes Herz
dass dein Friede in mir wohnen
kann

Schenke mir eine frohe Seele
dass ich mein Leben lieben kann

Lass meine Hoffnung stärker sein
als meine Hilflosigkeit

Mein Vertrauen größer
als meine Angst

Meinen Glauben tiefer
als meine Zweifel

Ich möchte weiter sehen
tiefer verstehen
größer denken
Ja sagen

Zur Freude geboren

Notker Wolf

1979 besuchte eine Gruppe von japanischen Buddhisten und Shintoisten unser Kloster in St. Ottilien. Die Mönche haben einige Zeit mit uns gelebt und den Alltag mit uns geteilt. Vor ihrer Abreise kamen Journalisten: »Was ist Ihnen am meisten im Kloster aufgefallen?« Das war die erste Frage. Ich selber hielt in Erwartung der Antwort ein wenig die Luft an. Und dann sagten die Gäste aus Asien: »Die Freude.«

Meine spontane Reaktion: Wenn das Nietzsche gehört hätte!

Ich bin überzeugt, das Christentum braucht mehr Moral und weniger Moralin. Und Nietzsches Forderung, »sie müssten fröhlicher aussehen die Christen«, gilt auch heute noch.

Wir sind zum Glück und zur Freude bestimmt, nicht zum Leiden und zum Unglück. Keiner wird auf die Frage, wozu er geboren sei, sagen: zum Trauern. Zum Leben, wenn es da ist, gehört Fülle, auch die Freude in Fülle. Jesus hat gesagt: Ich möchte, dass sie das Leben in Fülle haben – und damit auch die Freude in Fülle. Gemeint ist echte Freude, nicht die Scheinfreude, die die Werbung aufoktroyiert. Jesu Grundgefühl ist die Freude am Leben. Diese Freude, die aus Gott kommt, ist eine Möglichkeit, Gott kennenzulernen. Das ist der Kern seiner Botschaft: »Damit meine Freude in euch ist und damit eure Freude vollkommen wird.« (Joh 15, 11)

Wir sind also sicher auch nicht auf die Welt gekommen, damit wir Angst haben. Die ständige Tendenz, zu kontrollieren, bestimmte in der Vergangenheit nicht selten die Wirklichkeit in den Klöstern und die christliche Alltagsmoral. Das hat Angst erzeugt. Es war, von heute aus gesehen, aber eher ein Infantilismus, wo Gehorsam als Unterwürfigkeit verstanden wurde oder beides miteinander verwechselt wurde.

Die monastische Tradition hat ganz andere Orientierungspunkte, auf die wir uns beziehen können. »Wie lange noch schenkst Du allen andern Deine Aufmerksamkeit, nur nicht Dir selber? Ja, wer mit sich selbst schlecht umgeht, wem kann der gut sein? Denk also daran: Gönne Dich Dir selbst.« Das ist die Empfehlung des Bernhard von Clairvaux. Er hat es im 12. Jahrhundert an seinen Schüler Bernhard von Pisa geschrieben, den Mönch, der Papst wurde und den Namen Eugen III. annahm. So wichtig das Amt des Papstes ist, so gewaltig und vielfältig die Aufgaben, so bedeutend die Bürde – er rät Eugen, seine Zeit nicht nur anderen zu widmen, sondern sein eigenes Leben, sich selber nicht zu vernachlässigen. Bernhard von Clairvaux kannte die Schwächen und die Stärken des Menschen. Tief verwurzelt in der benediktinischen Spiritualität kannte er auch die Notwendigkeit und den Sinn asketischer Lebensführung. Aber Gottgefälligkeit und Menschenfreundlichkeit gehören für diesen Heiligen zusammen.

Sich etwas gönnen ist ein Zeichen des weiten Herzens, der Großzügigkeit und der mitteilenden und wohlwollenden Lebensfreude, die andere nicht ausschließt.

Wir haben nur diese Lebenszeit. Und sie ist kostbar. Wir haben Teil am Reichtum des Daseins.

Wer weiß, wie lange wir auf der Welt sind …

Für uns alle gilt: Leben ist endlich.

Deshalb ist es durchaus richtig zu sagen: »Lebe endlich.«

»Pflücke den Tag!« – sagt Horaz. Packe den Tag am Schopf, bevor er entschwindet. Nütze die Gelegenheit, solange Zeit ist. »Verweile doch du Augenblick, du bist so schön«, so spricht Goethe über diese Endlichkeit. Zeit ist flüchtig, diese Einsicht findet sich quer durch die menschheitliche Geschichte der Weisheit. Aber das muss nicht Weltflucht bedeuten, im Gegenteil.

Die Hinwendung zur Endlichkeit – und das heißt auch: zum Tod – kann ins Leben zurückführen. »Freut euch zu jeder Zeit«, heißt es in Epheser 5,16. Und der Sonntag Laetare, an dem dieser Text auf eine herrliche Choralmelodie gesungen wird, verweist mitten in der Fastenzeit auf die Osterfreude. Der Name dieses Sonntag ist ein Motto für das ganze Leben: »Freut euch im Herrn immer«.

Wer sich der Freude öffnet, wer sie sich gönnt, ihr Raum und Zeit in seinem Leben einräumt, dessen Herz wird weit. Das steht hinter dem Rat Bernhards und es steht auch in der Tradition des Mönchtums. Benedikt spricht in seiner Regel sehr kritisch über den Müßiggang. Aber die Lebensfreude spielt in der Regel eine wichtige Rolle. Am Ende des Vorworts zu dieser Regel schreibt er: Der Mönch solle sich nicht entmutigen lassen, der Anfang mag zwar schwer sein und der Weg eng, aber wer auf dem Pfad der Tugend weitergelaufen ist, dem weitet sich die Seele, und er geht den Weg nicht mehr, weil er sein muss, sondern in der Freude des Herzens.

Wenn Benedikt den Mönch auf den Pfad der Tugend schickt, sagt er nicht, er solle perfekt werden. Das ist ein großer Unterschied. Wer sich unter Vollkommenheitsdruck stellt, wird nie zufrieden sein. Perfektionsdruck ist der Feind jeder Freude. Leute, die unter Perfektionsdruck stehen, sind tragische Figuren. Sie werden nie zufrieden sein, sie jagen immer hinter etwas her, das sie nicht erreichen können. Sie kommen ewig zu kurz. Männer, die hinter dem perfekten Bodybuilderkörper herhecheln, oder die jungen Frauen, die wie das Supermodel Heidi Klum aussehen möchten und sich deswegen zu Tode hungern, sind tragische Figuren.

Benedikt sieht bei der Perfektion auch die Gefahr des Stolzes. Ihm geht es bei der Formulierung seiner Regel um das rechte Maß: darum, dass »die Starken finden, wonach sie verlangen, und die Schwachen nicht davonlaufen«. Das ist benediktinisch.

Freude aus der Weite des Herzens strahlt aus auch auf andere. Ich finde sie immer bei Menschen, bei denen das Leben einfach gelungen ist. Wahre Lebensfreude ist nicht erst am Ende des Weges oder des Lebens möglich. Es gibt Menschen, die schon sehr früh so weit sind, und andere, die sich diese Haltung im Lauf eines Lebens erwerben. Ich erzähle immer wieder gern von einem inzwischen verstorbenen Mitbruder, der ein solcher Mensch war. Mit seiner Geradlinigkeit und mit seinem Humor konnte er alles infrage stellen. Der konnte durch eine kleine Bemerkung die Wirklichkeit zurechtrücken und den konnte selber nichts aus der Bahn werfen. Er konnte dasitzen und sich alle Argumente anhören und am Schluss mit einer Frage das ganze Kartenhaus zusammenfallen lassen. Das nenne ich Souveränität und heitere Gelassenheit.

Dieser Mitbruder hatte seinen Platz im Chor unserer Klosterkirche direkt mir gegenüber. Hin und wieder sah ich ihn in sich hineinschmunzeln und wenn ich ihn hinterher gefragt habe, sag mal, was hast du heute wieder gedacht, dann sagte er nur: »Es ist halt so schön.« Meistens war es eine Boshaftigkeit, die ihm durch den Sinn gegangen war und die er dann so kommentierte: »Lieber andere ärgern als sich selbst. Das ist gesünder.«

Wir dürfen uns selber gut sein und sollen es auch anderen gegenüber sein. Wenn ich glaube, angenommen und geliebt zu sein, ganz so wie ich bin, brauche ich nicht krampfhaft nach Selbstfindung zu suchen, um mich selber annehmen zu können. Viele, die von ihren Eltern nicht genügend Zuwendung bekommen haben, suchen lebenslang sich selbst. Ein normal aufgewachsenes Kind braucht sich nicht erst zu finden. Es weiß, wer es ist. Dem haben die Mutter, die Geschwister und der Vater das nötige Selbstbewusstsein mitgegeben. Natürlich brauchen wir auch später das, was in einer Ehe sehr schön zum Tragen kommt, wenn der Mann seine Frau stützt und ihr sagt, wie schön sie ist und wie er sich freut über alles. Und umgekehrt, wenn die Frau in einer kritischen Situation ihrem Mann sagt, jetzt lass den Kopf nicht so hängen, an dieser Sache hängt es nicht, auch wenn es mal schiefgegangen ist. Das sind die emotionalen Streicheleinheiten, die wir uns gegenseitig gönnen sollten, weil sie guttun und einfach zur seelischen Gesundheit gehören.

Lebensfreude besteht darin, das Leben so zu nehmen, wie es ist. Das Leben ist nun einmal begrenzt. Der Mensch ist nun einmal unvollkommen. Humor ist die angemessene Haltung. »Life is too important to be taken seriously«, hat Oscar Wilde gesagt. Ich schmunzle über die kleinen Unvollkommenheiten des Lebens aus einer gewissen Distanz heraus und habe keine Lust, jemanden zu verurteilen, der meinen Maßstäben nicht entspricht. Im Grunde sehnen sich alle nach einer solchen Gelassenheit. Wer will schon ständig unter einem Vollkommenheitsdruck leben?

»Fröhlich sein und die Spatzen pfeifen lassen«, sagt Don Bosco. Das ist christliche Gelassenheit: Ich akzeptiere, dass die Welt endlich und begrenzt ist. Dann kann ich meine Rechnung aufmachen, alles abwägen und handeln. Eine Welt, in der wir uns unter dieser Voraussetzung begegnen, schaut ganz anders aus als eine Welt, die den Perfektionisten oder Moralisten in die Hand fällt.

Eine Konsequenz aus dieser Einsicht: Sich bewusst Zeit nehmen für etwas, das Freude macht – das kann sich jeder vornehmen. Ich selbst versuche, danach zu leben. Vor Kurzem habe ich mit meiner Band in Benediktbeuren einen Auftritt mit der Rockgruppe »Deep Purple« gehabt. Für so etwas nehme ich mir Zeit. Auch wenn einige, die sie nicht kennen und auch nicht verstehen, meinen, Rockmusik sei Musik des Teufels.

Wenn strenge Pietisten dagegen sind, stört mich das auch nicht. In meiner Allgäuer Heimat gibt es viele Reformierte. Ich war als Kind oft bei einer Apothekerfamilie fast wie zu Hause, habe mit den Kindern gespielt. Die Kinderzeitschrift, die ich da zu lesen bekam, war alles andere als unterhaltsam und lustig. Über ihr hing sozusagen ein ständiger Trauerflor. Als kleiner Bub habe ich mir damals angesichts eines so heftigen Sündenbewusstseins gesagt: »Ich könnte nicht evangelisch werden, das ist so traurig.« Dabei habe ich später ganz andere, sehr humorvolle Protestanten kennengelernt, wie den Theologen Karl Barth, der jeden Morgen mit Mozart-Musik aufgestanden ist und hoffte, auch im Himmel Mozart-Musik zu hören.

Auch Rockmusik ist für mich ein Zeichen und Ausdruck von Lebensfreude. »Highway to Hell«, diesen Song einer australischen Hardrockband singe ich im Flieger, wenn's runtergeht. Und dann singe ich mit der gleichen Freude »Stairway to Heaven« von Led Zeppelin. Muss man denn alles so bierernst und tragisch nehmen? Dürfen wir solche Texte nicht auch ironisch nehmen?

Wir alle sind zur Freude geboren. Und wir sollten uns die Freude gönnen. Die Jugendlichen, die diese Musik lieben und in ihr aufgehen, ebenso wie alle anderen, Junge und Alte, nicht anders als die Mönche im Kloster.

Freude ist das wirkungsvollste Gegenmittel zur Angst. Wenn in meinem Kloster die Leute einmal zusammensitzen werden und überlegen, was von den Äbten übriggeblieben ist, wenn sie sich erinnern, was der eine gebaut und organisiert hat und was der andere geleistet hat, und wenn sie sich fragen, was ihnen aus meiner Zeit noch in Erinnerung geblieben ist, dann würde ich mich freuen, wenn sie sagen würden: »Wir hatten keine Angst mehr.«

Das wäre für mich das schönste Kompliment.

Wirf dich Hals über Kopf in die
hohen Wellen des Lebens,
statt nur die Zehenspitzen
ins flache Wasser zu halten.
Surya Das

Vollkommene Freude

Aus der Regel der Brüder von Taizé

Die vollkommene Freude verschenkt sich.
Wer sie kennt, sucht weder Dank noch Gunst.
Sie ist immer neues Staunen angesichts dessen,
der ohne Entgelt geistliche und irdische Gaben
im Überfluss austeilt. Sie ist Dankbarkeit.
Sie ist Danksagung.

Staunen und Dankbarkeit

David Steindl-Rast

Ein Regenbogen ist immer eine Überraschung. Das soll nicht heißen, dass man ihn nicht voraussagen könnte. Manchmal bedeutet überraschend unvorhersagbar, häufig aber bedeutet es mehr. Überraschend im umfassenden Sinn bedeutet irgendwie grundlos, geschenkt, gratis. Selbst das Vorhersagbare wird zur Überraschung, wenn wir aufhören, es für selbstverständlich zu halten. Wüssten wir genug, dann wäre alles vorhersagbar, und doch bliebe alles grundlos. Wüssten wir, wie das gesamte Universum funktioniert, dann wäre es immer noch überraschend, dass es das Universum überhaupt gibt. Mag es auch vorhersagbar sein, so ist es doch umso überraschender.

Unsere Augen öffnen sich diesem Überraschungscharakter unserer Welt im gleichen Moment, da wir aufwachen und aufhören, alles als selbstverständlich zu erachten. Regenbogen haben etwas an sich, das uns aufwachen lässt. Es kommt vor, dass ein uns völlig Unbekannter uns am Ärmel zieht und zum Himmel zeigt: »Haben Sie den Regenbogen bemerkt?« Gelangweilte und langweilige Erwachsene werden zu erregten Kindern. Vielleicht verstehen wir nicht einmal, was uns da aufscheuchte, als wir jenen Regenbogen sahen. Was war es? Es war das Geschenkhafte, das da in uns hereinplatze, die Unentgeltlichkeit aller Dinge. Wenn so etwas geschieht, dann ist unsere spontane Reaktion Überraschung. Plato erkannte jene Überraschung als den Anfang aller Philosophie. Sie ist auch der Beginn von Dankbarkeit.

Eine kurze Begegnung mit dem Tod kann jene Überraschung auslösen. In meinem Leben kam das sehr früh zustande. Da ich im von den Nazis besetzten Österreich aufwuchs, gehörten Luftangriffe zu meiner täglichen Erfahrung. Und ein Luftangriff kann einem die Augen öffnen. Ich erinnere mich an einen Tag, als die Bomben zu fallen begannen, unmittelbar nachdem die Warnsirenen abgeschaltet waren. Ich befand mich auf der Straße. Da es mir nicht gelang, schnell genug einen Luftschutzbunker zu erreichen, rannte ich an eine nur ein paar Schritte entfernte Kirche. Um mich vor Glassplittern und Trümmern zu schützen, kroch ich unter eine Kirchenbank und verbarg mein Gesicht in den Händen. Als aber die Bomben draußen explodierten und der Boden unter mir erzitterte, da war ich sicher, dass das gewölbte Dach jeden Moment einstürzen und mich lebendig begraben würde. Nun, meine Zeit war noch nicht gekommen. Ein gleichbleibender Ton der Sirene verkündete, dass die Gefahr vorüber sei. Und da stand ich nun, reckte mich, klopfte den Staub aus meiner Kleidung und trat heraus in einen herrlichen Maimorgen. Ich lebte. Welch eine Überraschung! Die Gebäude, die ich vor weniger als einer Stunde noch gesehen hatte, waren jetzt rauchende Schuttberge. Was mich aber auf überwältigende Art und Weise überraschte, war, dass es dort überhaupt noch irgendetwas gab. Meine Augen fielen auf wenige Quadratmeter Rasen inmitten all dieser Zerstörung. Es war, als hätte mir ein Freund auf seiner Handfläche einen Smaragd angeboten. Niemals, weder vorher noch hinterher, habe ich Gras so überraschend grün gesehen.

Überraschung ist nicht mehr als der Anfang jener Fülle, die wir Dankbarkeit nennen. Aber es ist ein Anfang. Bereitet uns die Vorstellung Schwierigkeiten, dass Dankbarkeit jemals unsere Grundhaltung zum Leben sein könnte? In Momenten der Überraschung können wir wenigstens einen kurzen Blick auf die Freude werfen, zu der uns Dankbarkeit die Tür öffnet. Mehr noch – in Augenblicken der Überraschung haben wir bereits einen Fuß in der Tür.

Es gibt Menschen, die behaupten, Dankbarkeit nicht zu kennen. Aber gibt es irgendjemand, der niemals Überraschung gekannt hat? Überrascht uns der Frühling nicht jedes Jahr aufs Neue? Oder jene weite Öffnung der Bucht, wenn wir auf der Straße um die Kurve biegen, wird sie uns nicht jedes Mal wieder zur Überraschung, wenn wir jenen Weg nehmen?

Dinge und Ereignisse, die Überraschung auslösen, sind bloße Katalysatoren. Ich habe deswegen mit Regenbogen begonnen, weil sie bei den meisten von uns etwas bewirken, aber es gibt persönlichere Auslöser. Wir müssen alle unseren eigenen finden, jeder von uns. Ganz gleich wie häufig jenes Rotkehlchen im Winter auf der Suche nach Körnerfutter auf dem Stein auftaucht, es ist eine Überraschung. Ich erwarte es. Ich habe selbst seine bevorzugten Fütterungszeiten herausgefunden. Lange bevor ich es sehen kann, höre ich es schon zirpen. Aber wenn jener rote Strahl auf den Stein herabschießt wie der Blitz auf Elias Altar, dann weiß ich, was E. E. Cummings meint: »Die Augen meiner Augen sind geöffnet.«

Wenn wir erst einmal in dieser Weise aufwachten, dann können wir uns bemühen, wach zu bleiben. Und dann können wir es uns gestatten, langsam wacher und wacher zu werden. Aufwachen ist ein Prozess. Es ist morgens ein recht unterschiedlicher Prozess für verschiedene Menschen. Einige von uns wachen ruckartig auf und sind den Rest des Tages hellwach. Sie sind gut dran. Andere müssen es Stück für Stück tun, eine Tasse Kaffee nach der anderen. Was zählt, ist, dass wir nicht wieder zurück ins Bett steigen. Was auf unserem Weg zur Erfüllung zählt, ist die Erinnerung an die große Wahrheit, die uns Momente der Überraschung lehren wollen: Alles ist unentgeltlich, alles ein Geschenk. Der Grad, in dem wir zu dieser Wahrheit aufgewacht sind, ist das Maß unserer Dankbarkeit. Und Dankbarkeit ist das Maß unserer Lebendigkeit. Sind wir nicht taub und tot für alles, was wir als selbstverständlich erachten? Ganz sicher bedeutet in dieser Weise taub zu sein, tot zu sein. Für jene, die aus Überraschung zum Leben erwachen, liegt der Tod in der Vergangenheit, nicht in der Zukunft. Ein Leben zu führen, offen für Überraschung, trotz all des Sterbens, das zum Leben gehört, macht uns immer lebendiger.

Es gibt unterschiedliche Grade dankbaren Wachseins. Unser Intellekt, unser Wille und unsere Emotionen müssen aufwachen. Wir wollen uns diesen Prozess des Erwachens einmal genauer anschauen. Es ist der Wachstumsprozess von Dankbarkeit.

Eine einzige Krokusblüte sollte genügen, um unser Herz davon zu überzeugen, dass der Frühling – gleich wie vorhersagbar er sein mag – irgendwie ein Geschenk ist, unentgeltlich, gratis, eine Gnade. Wir wissen dies mit einem Wissen, das über den Intellekt hinausreicht. Und doch ist unser Intellekt daran beteiligt. Ohne dass unser Intellekt seine Rolle einnimmt, können wir nicht dankbar sein. Wir müssen das Geschenk als Geschenk erkennen und nur unser Intellekt kann das tun.

Für einige Menschen ist das nicht leicht. Es gibt solche, die einfach zu abgestumpft, zu langsam, vielleicht auch zu träge sind, um irgendetwas als Geschenk zu erkennen. Ihr Intellekt ist nicht wachsam genug. Sie halten alles für selbstverständlich. Sie gehen wie betäubt durchs Leben. Es bedarf einer gewissen intellektuellen Schärfe, um dankbar zu sein. Aber es gibt auch jene mit der gegenteiligen Geistesverfassung. Menschen, die sich ausschließlich auf ihren Intellekt verlassen. Auch jene klugen Leute könnten Schwierigkeiten mit der Dankbarkeit haben. Wenn der Intellekt darauf besteht, den unumstößlichen Beweis dafür zu finden, dass ein Geschenk auch wirklich ein Geschenk ist, dann steckt man fest. Es gibt immer die Möglichkeit, dass etwas, das wie ein Geschenk aussieht, eigentlich eine

Fallgrube, ein Köder, eine Bestechung ist. Man braucht sich nur einige der Kommentare anzuhören, die beim Auspacken von Weihnachtsgeschenken laut werden. »Nun schau dir das an! Warum sollten uns die Meyers solch ein teures Geschenk schicken? Ich möchte zu gern wissen, um welchen Gefallen sie uns im neuen Jahr bitten werden!« Wer kann den Beweis antreten, dass absolut kein Haken daran ist? Unser Herz sehnt sich nach der Überraschung, dass ein Geschenk auch wirklich ein Geschenk ist. Unser stolzer Intellekt aber stutzt bei einer Überraschung und will sie erklären, hinwegerklären.

Der Intellekt allein bringt uns nur ein Stück weit. Er hat einen Anteil an Dankbarkeit, aber eben nur einen Anteil. Unser Intellekt sollte wach genug sein, die vorhersagbare Hülle der Dinge bis zu ihrem Kern zu durchschauen, um dort ein Körnchen Überraschung vorzufinden. Das allein ist eine anspruchsvolle Aufgabe. Aber Aufrichtigkeit verlangt ebenso, dass der Intellekt genügend demütig sei, das heißt genügend bodenständig, um seine Grenzen zu kennen. Der Geschenkcharakter aller Dinge kann erkannt, nicht aber bewiesen werden – zumindest nicht durch den Intellekt. Beweise finden sich im Leben. Und am Leben ist mehr, als der Intellekt zu fassen vermag.

Auch unser Wille muss seine Rolle übernehmen. Auch er gehört zur ganzen Fülle von Dankbarkeit. Es ist die Aufgabe des Intellekts, etwas als Geschenk zu erkennen, der Wille aber muss den Geschenkcharakter anerkennen. Erkennen und Anerkennen sind zwei verschiedene Aufgaben. Auch gegen unseren Willen können wir etwas erkennen. Der Wille kann dem die Anerkennung verweigern, was der Intellekt sieht. Aufgeweckt durch Überraschung können wir entdecken, dass das, was wir eine »gegebene« Welt nennen, wirklich *gegeben* ist. Denn wir haben sie weder gemacht noch verdient; höchstwahrscheinlich haben wir sie noch nicht einmal voll akzeptiert. Was wir vorfinden, ist eine gegebene Wirklichkeit, und wir erkennen sie als gegeben. Aber nur wenn wir dieses Geschenk anerkennen, wird unser Erkennen zur Dankbarkeit führen. Und ein Geschenk anzuerkennen könnte sich als viel schwieriger erweisen, als es zu erkennen.

[…]

Wenn ich ein empfangenes Geschenk anerkenne, dann erkenne ich das Band an, das mich an den oder die Gebende bindet. Aber wir neigen dazu, die Verpflichtungen zu fürchten, die sich aus dieser Bindung ergeben. Als ich vor dreißig Jahren Englisch lernte, drückte man in Amerika in der Regel seinen Dank dadurch aus, dass man »sehr verbunden« (»very much obliged«) sagte. Kaum jemand benutzt diesen Ausdruck heute. Warum nicht? Einfach deshalb, weil wir nicht verbunden sein wollen. Wir wollen mit uns selbst auskommen. Unsere Sprache verrät uns.

Natürlich gibt es auch eine gesunde Seite unseres Wunsches nach Unabhängigkeit. Wir wollen selbst für uns sorgen. Ohne diesen Wunsch würden wir niemals dem Stadium des Gefüttertwerdens entwachsen. Und um aus diesem Stadium herauszukommen, mussten wir durch eine Phase hindurch, bei der am Ende unserer Mahlzeit Nase, Kinn, Ohren und Lätzchen mit Haferflocken verschmiert waren. Aber selbst nachdem wir uns selbst zu ernähren gelernt haben, sollte man davon ausgehen können, dass wir verständig genug sind, uns von einer Krankenschwester füttern zu lassen, wenn sich das als notwendig erweisen sollte. Erwachsen zu werden heißt, beides lernen, uns selbst helfen zu können, aber auch Hilfe anzunehmen, wenn wir sie brauchen. Einige Leute scheinen niemals dem Stadium des »Das will ich alleine machen« zu entwachsen. Doch mitfühlende Augen durchschauen die äußere störrische Unabhängigkeit und erkennen dahinter ein Kind auf einem Kinderstuhl, mit Haferflocken von der Nase bis zu den Zehen.

In gewissem Sinne ist es richtig, Abhängigkeit zu fürchten. Bloße Abhängigkeit ist Sklaverei. Unabhängigkeit aber ist eine Illusion.

[...]

Überraschung führt uns auf den Weg der Dankbarkeit. Dies gilt nicht nur für unseren Intellekt, sondern auch für den Willen. Es spielt keine Rolle, wie beharrlich sich unser Wille an unsere Selbstständigkeit klammert, das Leben bietet uns die Hilfe, die zum Entkommen aus dieser Falle nötig ist. Selbstständigkeit ist eine Illusion. Und früher oder später zerbricht jede Illusion am Leben. Wir alle wären nicht das, was wir sind, ohne unsere Eltern, Lehrer und Freunde. Selbst unsere Feinde helfen dabei. Niemals hat es jemanden gegeben, der sich selbst zu dem gemacht hat, was er ist. Jeder von uns braucht andere. Früher oder später begreifen wir diese Wahrheit. Ein plötzlicher Trauerfall, eine lange Krankheit oder irgendetwas anderes – ganz überraschend hat uns das Leben eingefangen. Eingefangen? Überraschend befreit, sollte ich besser sagen. Vielleicht schmerzt es, aber Schmerz ist ein geringer Preis für die Freiheit von Selbsttäuschung.

Selbstständigkeit ist auch auf einer tieferen Ebene noch Selbsttäuschung.

Unser wahres Selbst ist nicht das kleine individualistische Selbst neben anderen. Dies entdeckten wir in jenen Augenblicken, in denen wir zu unserer großen Überraschung eine tiefe Kommunion mit allen anderen Wesen erfahren. Diese Momente gibt es in unser aller Leben. Vielleicht erinnern wir sie als »Hochwassermarken« der Bewusstheit, der Lebendigkeit, als Momente unserer besten Verfassung, als jene Augenblicke, in denen wir am meisten wir selbst waren. Vielleicht aber versuchen wir auch die Erinnerung an jene Momente zu verdrängen, denn jene Springflut der Kommunion ist eine Bedrohung der defensiven Isolation, in der wir uns geschützt vorkommen. Die Mauern, hinter denen wir uns verstecken, mögen dem Ansturm des Lebens lange standhalten. Aber ganz plötzlich, an irgendeinem Tag, wird, wie in dem folgenden Bericht aus *The Protean Body* von Don Johnson, die große Überraschung über uns einbrechen:

> »Ich ging hinaus auf eine Mole im Golf von Mexico. *Ich* hörte auf zu sein. Ich erfuhr mich als Teil des Windes, der von der See hereinkam, als Bestandteil der Bewegung von Wasser und Fischen, der Sonnenstahlen, der Farben der Palmen und tropischen Blumen. Es gab keine Vorstellung mehr von Vergangenheit oder Zukunft. Und es war kein besonders seliges Erlebnis: Es war furchterregend. Es war die Art ekstatischer Erfahrung, die ich mit einigem Aufwand an Energie zu vermeiden versucht hätte.
>
> Ich erlebte mich nicht als *identisch* mit Wasser, Wind und Licht, sondern als nähme ich teil am gleichen Bewegungssystem. Wir tanzten alle miteinander …«

In diesem großartigen Tanz sind Gebende und Empfangende eins. Ganz plötzlich können wir erkennen, wie unwesentlich es ist, welche der beiden Rollen man in einem gegebenen Moment zu spielen hat. Jenseits aller Zeit ruht unser wahres Selbst in vollkommener Stille in sich selbst. Verwirklicht wird dies in der Zeit durch ein anmutiges Geben und Nehmen im Tanz des Lebens. Wie bei einem sich schnell drehenden Kreisel sind Stille und Tanz eins. Nur in jenem Einssein von Geben und Nehmen findet sich wahre Selbstständigkeit. Jede andere Selbstständigkeit ist Illusion. Das Wirkliche aber erweist sich am Ende immer als jeder Illusion überlegen. Früher oder später wird es durchscheinen wie die Sonne durch den Nebel. Das Leben, unser Lehrer, wird das besorgen.

Manchmal drücken wir zwanghafte Unabhängigkeit

dadurch aus, dass wir ständig bemüht sind, anderen zu helfen, während wir gleichzeitig jede Hilfe ablehnen, die wir selbst gut gebrauchen könnten. Sollte das so sein, dann wollen wir auch in diesem Fall dort beginnen, wo wir sind. Wir wollen fragen: Was täte ich, wenn es niemanden gäbe, der meine Hilfe benötigt? Der Helfer benötigt den Hilflosen ebenso sehr wie der Hilflose des Helfers bedarf. Hilfe ist aber keine Einbahnstraße, sondern ein Geben und Nehmen. Wir wollen weiterhin, wie bisher, Freude finden am Helfen, aber dem noch eine weitere Freude hinzufügen, die sich dann ergibt, wenn wir anerkennen und akzeptieren, dass unser eigenes Bedürfnis gebraucht wird. Sobald wir Geschmack an dieser Freude gefunden haben, werden wir sie überall finden. Denn gleich wo wir uns gerade befinden, irgendwie sind wir immer an einem universellen Geben und Nehmen beteiligt.

Sind unsere Gefühle zu vernarbt oder zu erschöpft, um voll in diesem Geben und Empfangen mitzuschwingen, so finden wir vielleicht einen winzigen Bereich, in dem wir spontan mit Freude reagieren. Das ist unser Ausgangspunkt. Und wieder einmal: Wo wir sind, nicht wo wir sein möchten, ist der Ort, an dem wir anfangen müssen. Und auch hier kann Überraschung zum auslösenden Funken werden. Was hilft dir, dich wohlzufühlen? Körpertraining? Harmonie zu Hause? Die Gelegenheit, anderen zu helfen? Was immer es sein mag, ihm liegt Überraschung zugrunde. Wann immer unsere Gefühle jene »Frische tief im Innern der Dinge« berührt, erzittern sie mit jugendlicher Freude. Wenn wir damit anfangen, Freude voll dort auszukosten, wo es uns heute gelingt, dann werden immer weitere Bereiche wieder jung und frisch werden und reagieren. Dankbarkeit macht uns jung. Indem wir langsam immer dankbarer werden, werden wir mit jedem Tag jünger. Warum auch nicht?

Ich will zusammenfassen. Überraschung ist der Ausgangspunkt. Überraschung öffnet unsere inneren Augen für die erstaunliche Tatsache, dass alles geschenkt ist. Nichts, aber auch gar nichts kann als selbstverständlich erachtet werden. Und was nicht selbstverständlich ist, ist ein Geschenk. Genau das ist die gewichtige Bedeutung jenes Ausdrucks, den wir so locker handhaben, wenn wir von »einer gegebenen Welt« sprechen. Was wir meistens meinen, wenn wir von einer gegebenen Situation sprechen, von einer gegebenen Tatsache, einer gegebenen Welt, ist, dass wir sie nicht ändern können. Aber das kann man kaum *sinnvoll* nennen (mit der Betonung auf voll). Woran wir auch denken sollten, wenn wir etwas gegeben nennen, ist, dass es kein Geschenk ist. Wahre Aufmerksamkeit behält jenen Geschenkaspekt der Welt im Blick. Sobald unser Intellekt den Geschenkaspekt der Welt zu erkennen und unser Wille ihn anzuerkennen lernt, und wenn unsere Gefühle ihn zu würdigen lernen, wird unser Wachsein immer weitere Bereiche unserer Welt mit Leben erfüllen. Ich sehe das Bild der sich ausdehnenden kleinen Wellen auf einem Teich vor mir. Der Kreisel, der sie auslöste, ist die kleine Überraschung. Und mit der Ausdehnung der kleinen kreisförmigen Wellen werden wir lebendig. Am Ende wird Dankbarkeit unsere uneingeschränkte Lebendigkeit angesichts einer geschenkhaft gegebenen Welt sein.

Die besten Dinge des Lebens sind uns geschenkt: Sehvermögen, Gesundheit, Liebe, Freiheit und das Leben selbst. Schade nur, dass wir uns in ihnen nicht recht erfreuen. Wir sind zu sehr von dem Gedanken belastet, dass wir nicht genug von sehr nebensächlichen Dingen besitzen: wie Geld, gute Kleider und Ruhm.

Anthony de Mello

Das Geschenk der Jahre

Joan Chittister

Der römische Philosoph und Schriftsteller Seneca schreibt: »Was das Alter angeht, umfange und liebe es. Sofern du es zu nutzen weißt, bietet es eine Fülle von Freuden. Die nach und nach abnehmenden Jahre gehören zu den köstlichsten im Leben … Selbst wenn sie an ihre äußerste Grenze geraten sind, haben sie immer noch ihre Wonnen.«

Es hat etwas Besonderes an sich, von den Erwartungen und Terminen, dem Druck und der vielfältigen Verantwortung, den Tagesabläufen und öffentlichen Aktivitäten der mittleren Jahre frei zu sein. Die Freiheit von all dem setzt die späteren Lebensjahre in ein völlig anderes Licht. Jetzt ist viel mehr Raum und Zeit. Es eröffnen sich neue Möglichkeiten, auf die anderen Menschen als Menschen einzugehen, statt mit ihnen vorwiegend berufs- und geschäftsmäßig zu tun zu haben. Diese Altersjahre eröffnen etwas Neues und Frisches, das in einer bislang unbekannten Sprache zum Herzen spricht.

Aber Seneca betont: »Sofern du es zu nutzen weißt.« Darauf kommt es ganz entscheidend an: Wir müssen mit diesem neuen Gefühl für Zeit und Raum etwas anfangen können. Das entscheidet letztlich darüber, wie glücklich und erfüllend diese Jahre sein werden. Leider können sich nur wenige wirklich darauf einlassen.

»Wissen Sie schon, dass wir beide nächsten Monat in den Ruhestand gehen?«, fragt sie. Ihre Stimme war erregt, in ihren Worten lag Anspannung. Sie tat sich schwer damit, das zu eröffnen; es war ihr sehr peinlich. »Ich weiß noch gar nicht, was ich tun werde, wenn wir die ganze Zeit beieinander sein werden«, fuhr sie fort und setzte nach einer langen, mühsamen Pause ein leichtes Lächeln auf. »Was sollen wir denn jetzt tun? Herumsitzen und uns gegenseitig anschauen?«

Diese Befürchtung ist recht verbreitet. Was geschieht mit dem Leben, wenn die eingespielte Routine aufhört? Was geschieht mit uns als Menschen, wenn mit dem Erbringen von Leistung Schluss ist? Seit Jahrzehnten waren wir unter der Woche so gut wie nie mehr miteinander daheim. Allein schon die Vorstellung, dass das jetzt bald der Fall sein wird, kann die Monate vor dem Termin der Pensionierung zu einer stillen Qual werden lassen. Wir setzen ein tapferes Gesicht auf, aber in unserem Inneren tobt die Unsicherheit. Was werden wir künftig morgens nach dem Aufstehen tun? Wenn das der Ruhestand ist – wer braucht das denn? Warum soll man überhaupt noch weiterleben, wenn es nichts mehr gibt, wofür man leben kann? Ist erst einmal die lange Reise bis zum Antritt des Ruhestands geschafft – was tun wir dann?

Wir sehen uns jäh an den Punkt gesetzt, von dem wir meinten, das sei der Gipfel, der Höhepunkt des Lebens. Aber wenn wir von ihm herunterblicken, ist da nichts. Uns geht auf, dass wir nach all diesen Jahrzehnten nichts anderes mehr können, als zu arbeiten, und das trifft uns in unserer innersten Mitte wie ein Donnerschlag. Und diese Mitte ist leer.

Wir sehen uns vor die großartigste freie Wahl gestellt, die wir je hatten, zumindest seit wir aus freien Stücken von zu Hause ausgezogen sind und uns entschieden haben, was wir im Leben anpacken wollten, seit wir die ersten erfolgreichen Schritte in unserem Beruf gemacht haben und seit wir beschlossen haben, uns schließlich an einer bestimmten Stelle niederzulassen. Und jetzt stehen wir plötzlich vor der Entscheidung, wie wir ab jetzt leben wollen, ohne dass uns gesagt würde, wie man das macht.

Die Schiefertafel ist jetzt leer. Die Tage gehören uns. Die Aufgabe heißt jetzt: Lerne wieder zu leben.

Wir können beschließen, mit Freude zu leben. Oder wir können uns gestatten, in Bitterkeit zurückzuschauen. Wir können angesichts all dessen, was wir eigentlich tun wollten, bitter werden. Wir können bitter werden wegen der unzähligen Stunden, die wir einer Firma gewidmet haben, von der wir einfach verabschiedet wurden. Wir können bitter darüber werden, dass wir auf Sicherheit und Unabhängigkeit bedacht waren statt auf Tiefe und Weggemeinschaft. Wir können beschließen, bitter zu werden, weil am Ende bloß das Ende übrig bleibt. Aber was immer wir schließlich wählen – Bitterkeit oder Freude –, wir müssen uns auf jeden Fall entscheiden. Der Rest unseres Lebens hängt davon ab.

Es kann eine Weile dauern, bis uns aufzugehen beginnt, dass uns der Ruhestand tatsächlich in die Freude versetzt. Falls wir uns entscheiden, diese neue, noch nicht vorgezeichnete Zeit mit Freude zu leben, wird das Leben in uns einströmen, sogar mit einer Fülle, die wir zuweilen gar nicht recht aushalten können. Das ist der Lebensabschnitt, von dem der Psalmist sprach, als er betete: »Kostet und seht, wie gütig der Herr ist …«

Was wir all diese Jahre hindurch getan haben, war ein Teil von Gottes Willen für unser Leben. Es hatte alles seinen bestimmten Sinn. Darin steckte alles, was wir zur damaligen Zeit brauchten, um voll entfaltete Menschen zu werden. Tatsächlich war es, wie wir jetzt wissen, sehr, sehr köstlich. Von der gleichen Qualität ist auch diese jetzige Zeit – und aus dem gleichen Grund. Langes Leben ist ein Bestandteil des Willens Gottes für uns.

Das ist der Lebensabschnitt, in dem wir es uns genehmigen können, uns über das Vergangene zu freuen, das uns bis zu diesem Punkt gebracht hat, und auch die gegenwärtigen Möglichkeiten zu genießen.

Wir können auch etwas aus dem Leben vor diesem Zeitabschnitt lernen. Wir haben jedes Recht darauf, in Dankbarkeit für all die Lebensphasen zu leben, die uns bis hierher gebracht haben, für die Erinnerungen, die uns große Freude machen, für die Menschen, die uns so weit gebracht haben, für die Erfolge, die uns im Laufe des Weges ins Herz eingeschrieben wurden. All diese Erfahrungen wollen gefeiert werden. Sie sind nicht mehr Vergangenheit, als wir selbst Vergangenheit sind. Sie leben für immer in uns.

Sie verdienen ein liebevolles Lächeln, ein glückliches Lachen, ein paar bittersüße Tränen oder auch mehr. Wir können stolz darauf sein, wo wir waren, was wir im Weiterwachsen errungen haben, was aus uns wurde, während wir alles das taten.

Wir müssen all diese Erfahrungen noch einmal durch uns hindurchziehen lassen, dieses Mal nicht so sehr im Hinblick auf die Umstände, an die wir uns erinnern, sondern eher auf die Einsichten, die sie uns immer noch schenken, und auf die Wärme, die sie uns bis heute spenden. Das sind Erfahrungen, die für uns damals von Bedeutung waren, und in ihnen steckt immer noch ein Sinn, den wir erst noch erkennen und verkosten sollen, jetzt natürlich anders, aber immer noch.

Wir können zudem auch voller Freude darüber sein, dass wir jetzt in dieser Zeit größerer Freiheit angekommen sind. Jetzt können wir erhobenen Hauptes und wachen Auges jede Möglichkeit erkunden und vielleicht zum ersten Mal entscheiden, was wir wirklich mit unserem Leben anfangen wollen, statt uns damit herumzuschlagen, was wir tun müssten oder unbedingt sollten. Wir verfügen jetzt über die Freude, von niemandem mehr abhängig zu sein. Wir können nun wie Kinder am Strand entscheiden, ob wir mit Sandalen oder barfuß durchs Leben gehen wollen.

Vor allem aber können wir beschließen, langsam und behutsam durch diese letzte Lebensphase zu gehen, in der sich für uns alles zusammenfügt, Sinn macht und neue Bedeutung erhält.

Wir können uns einfach hinsetzen und einem Sonnenuntergang zusehen, da wir jetzt nicht mehr gegen Abend durch den dichten Verkehr nach Hause hetzen müssen.

Wir können morgens über eine taufeuchte Wiese gehen, das Gras riechen und einen Löwenzahn pflücken, weil dieser genau wie die Rose über eine ganz eigene Schönheit verfügt, wie das alle Dinge tun, sofern wir es nur lernen, einen Blick dafür zu bekommen.

Wir können glücklich darüber sein, dass wir siebzig sind, überall dort gewesen zu sein, wo wir waren, zu wissen, was wir wissen, und heute mehr und Wesentlicheres tun zu können. Wir können anfangen, unseren Geist vom kreativen Geist, der in der Schöpfung west, anwehen zu lassen und ihn ab jetzt langsam einzuatmen, so dass er unser Herz nährt und uns in die Lage versetzt, diejenigen Teile der Schöpfung zu sehen, die wir vor diesem Zeitpunkt unseres Lebens noch nicht zu sehen vermochten.

Wir können beschließen, lächelnd und freundlich auf die Menschen zuzugehen, denen wir begegnen, mit Kindern zu spielen, mit Älteren zu reden, Jüngeren Fragen zu stellen – und uns dieses Mal ihre Antworten genau anzuhören.

Wir können den Entschluss fassen, heute etwas Neues zu erkunden, wieder Lernende zu werden und die Erregung zu spüren, die sich einstellt, wenn wir das tun.

Wir können beschließen, uns denjenigen zu widmen, die niemanden außer uns haben, der ihnen zu etwas mehr Lebensqualität verhelfen könnte.

Über all das verfügen wir jetzt: Möglichkeiten, Freiheit und das Gespür dafür, was die Dinge und Umstände von uns verlangen. Wir haben die Chance, das beste Ich zu sein, das wir jemals waren. Und wir haben die Chance, anderen zu helfen, das Gleiche zu tun.

Eine Last dieser Jahre ist es, nicht über die Bitterkeit darüber hinauszukommen, dass wir entlassen wurden, und nicht zu sehen, dass, wer still und leise von allen Bühnen des Lebens genommen wird, damit zugleich frei davon wird, sich noch irgendwie künstlich in Szene setzen zu müssen.

Ein Segen dieser Jahre ist es, eines Morgens aufzuwachen und sich dankbar von dem Gedanken überwältigen zu lassen, ein lebendiger Mensch zu sein. Wohin immer wir gehen, versprühen wir dann die Freude, die wir endlich in uns selbst finden konnten.

Ekstasen nicht fürchten

Jörg Zink

Wenn ein Mensch so »aus sich herausgeht«, wie ich es meine, dann sprechen wir von »Heraustreten«, von »Ekstase«.

Sie beginnt damit, dass einer staunt. Dass er »sprachlos« ist vor dem, was er hört oder sieht. Und sie setzt sich fort mit der plötzlichen Erkenntnis, dass es nicht darauf ankommt, etwas zu suchen, sondern dass irgendjemand oder irgendetwas uns schon gefunden hat, ehe wir anfingen zu suchen. Die Wirklichkeit, der man sich zuwandte, ist stärker als das eigene kleine Ich. Und sie wendet sich uns zu, offenbarend, redend, leuchtend.

Warum wohl begegnen gerade unter Christen diejenigen Menschen, die eine Ekstase erlebt haben, so großem Misstrauen? So, als hätten sie etwas Verbotenes getan? Dabei ist die ganze Bibel voll von Berichten über Menschen, die aus der ekstatischen Erfahrung heraus geredet haben und deren Wort ohne solche ekstatische Erfahrung nie zustande gekommen wäre.

Eine der Erfahrungen dieser Art, die ich persönlich gemacht habe, die mir geradezu als Rettung begegnet ist und die mich nun ein Leben lang begleitet, geschah im April 1943. Neben unserem Flugplatz in Lyon lag ein altes französisches Fort, eine leere Befestigungsanlage mit Gräben und Wällen und riesigen Bunkern, das Fort Bron. Wenn ich in meiner Freizeit dem Lärm meiner Unterkunft entrinnen wollte, ging ich auf die Wälle dieses Forts hinüber mit irgendeinem Buch, das ich in der Stille lesen wollte. Einmal nun saß ich auf einem solchen Hügel, rings um mich her ein wildes Buschwerk aus über und über weiß blühenden Schlehen. Wohin das Auge sah, nichts als weiße

Blüten. Was ist das?, durchfuhr es mich. Das waren keine Blüten. Das war eine Welt, die offen war nach einer anderen Dimension hin. Da war alles offen! Und mir war schlagartig klar, dass meine kleine Welt, in der ich lebte und Soldat war und flog und Bücher las, wie ein Gefängnis war, dessen Mauern mir die eigentliche Wirklichkeit verstellten. Dass die Welt unendlich weiterging in Räume, die mir sonst verschlossen waren. Dass sich die größere, nenne sie meinetwegen »geistige«, Welt mir zuwandte, offen und freundlich, dass sie mich suchte. Und dass ich nie mehr eine andere Welt bewohnen könne als diese, die aus einer »normalen« und einer größeren, anderen bestand. Und diese Erfahrung war so nachhaltig, dass ich heute noch, irgendwo in einem Wald oder in einer freien Landschaft, keine blühenden Schlehen sehen kann, ohne sofort im Jahr 1943 zu sein und im Fort Bron bei Lyon. Ein paar weißblühende Büsche sind einige meiner wichtigsten Lehrer gewesen. Und ich verstehe Bernhard von Clairvaux gut, wenn er sagt: »Ich hatte keinen anderen Meister als die Buchen und die Eichen.« Wenn mir heute einer sagen würde: Du warst überreizt –, dann würde mich das nicht im mindesten stören. Für alles, was über unsere kleine Welt hinausreicht, hat der kleine Mensch seine passenden Erklärungen. Wem die große Wirklichkeit einmal begegnet ist, dem kann die kleine, die er bewohnt, nie mehr genügen. Für mich waren die weißen Schlehen wie das, was Mose am brennenden Dornbusch erfuhr: die brennende Gegenwart Gottes.

Wer so aus sich heraustritt, wird nicht nur seinen Blick weiten, sondern auch seinen Atem. Er wird sich vorstellen, das die Luft, die er einatmet, mit der Weite des Universums erfüllt ist, nein, mehr, mit der Kraft und Gegenwart Gottes. Er wird in diesem lebenschaffenden, unendlichen Atem Gottes mitatmen. Er wird sich die Luft und das Licht als ein riesiges Meer vorstellen, das ihn umgibt, ein Meer, ganz durchlichtet von Gottes Gegenwart. Er wird wissen, dass, was er schaut, das »Kleid ist, das Gott anhat«, wie der Psalm 104 es sagt, und dass er mit jedem Atemzug sein Licht einatmet, seine Liebe und seine Kraft. Was die Bibel meint, wenn sie sagt, die Bäume »lobten« Gott, das ist mir einleuchtend seit jenem Tag, an dem ich die Schlehenbüsche von ihm singen hörte.

Wenn ich das Gefühl einfangen
könnte, würde ich es tun.
Das Gefühl vom Singen der
wirklichen Welt.
Virginia Woolf

Der Engel der Dankbarkeit

Anselm Grün

[…] Der Engel der Dankbarkeit schenkt Dir neue Augen, um die Schönheit in der Schöpfung bewusst wahrzunehmen und dankbar zu genießen, die Schönheit der Wiesen und Wälder, die Schönheit der Berge und Täler, die Schönheit des Meeres, der Flüsse und Seen. Du wirst die Grazie der Gazelle bewundern und die Anmut eines Rehes. Du wirst nicht mehr unbewusst durch die Schöpfung gehen, sondern denkend und dankend. Du wirst wahrnehmen, dass Dich in der Schöpfung der liebende Gott berührt und Dir zeigen möchte, wie verschwenderisch er für Dich sorgt.

Wer dankbar auf sein Leben blickt, der wird einverstanden sein mit dem, was ihm widerfahren ist. Er hört auf, gegen sich und sein Schicksal zu rebellieren. Er wird erkennen, dass täglich neu ein Engel in sein Leben tritt, um ihn vor Unheil zu schützen und ihm seine liebende und heilende Nähe zu vermitteln. Versuche es, mit dem Engel der Dankbarkeit durch die kommende Woche zu gehen. Du wirst sehen, wie du alles in einem anderen Licht erkennst, wie Dein Leben einen neuen Geschmack bekommt.

3 So viel Schönheit!

Augen auf und mit dem Herzen sehen lernen

Sehen können

Anthony de Mello

»Warum ist hier jeder glücklich außer mir?«, fragte ein Schüler.

»Weil sie gelernt haben, überall Güte und Schönheit zu sehen«, sagte der Meister.

»Warum sehe ich nicht überall Güte und Schönheit?«

»Weil du draußen nicht etwas sehen kannst, was du in deinem Innern nicht siehst.«

Herbstmond

Meister Ryokan

Der Mond erscheint zu jeder Jahreszeit,
Das ist wohl wahr,
Doch gewiss am schönsten im Herbst.
Dann rücken die Berge näher,
Und das Wasser fließt klar.
Wie eine leuchtende Scheibe
Schwimmt er durch den unbegrenzten Himmel,
Und da ist kein Empfinden mehr von Licht und Dunkel,
Da alles von seiner Gegenwart durchdrungen ist.
Der grenzenlose Himmel über mir,
Die Kühle des Herbstes auf meinem Gesicht.
Ich nehme meinen guten Stab
        und wandere auf die Hügel.
Nirgendwo ein Hauch vom Staub der Welt,
Nur des Mondlichts glänzende Strahlen.
Ich hoffe, dass heute Nacht
        auch andere diesen Mond betrachten
Und dass er alle Wesen erleuchtet.
Herbst um Herbst kommt das Mondlicht
        und geht wieder;
Und immer werden Menschen es betrachten.
Die Reden des Buddha, die Belehrungen von Eno.
Sie geschahen unter dem gleichen Mond.
Die ganze Nacht hindurch betrachte ich den Mond.
Während der Fluss ruhiger wird und der weiße Tau fällt.
Welcher Wanderer wird wohl
        am längsten im Mondlicht baden?
Wessen Heim wird wohl
        die meisten Mondstrahlen trinken?

Von der Schau des Lebens

Ingrid Riedel

»Zum Sehen geboren
zum Schauen bestellt«,

so erfährt es jener Türmer (zu Beginn von *Faust II*), von dem das Gedicht spricht, und mit ihm wohl ein jeder Mensch, dem das Augenlicht geschenkt ist. In diesem Moment schaue ich über mir in die dunkelgrünen Blätter eines alten Nussbaums, die lichtgesprenkelte Schatten spenden. Weiter links von mir sehe ich die graugrünen Blätter an den langen Ruten einer Seeweide im Winde schwanken, ein wenig grünsilbern blitzend, etwas angegilbt von der großen Sommerhitze, der sie dennoch standhielten. Ich tauche ein in den weiten Raum von lauter Blau vor mir, in dem der Himmel, das in zartem Grau verschwimmende Ufer gegenüber und die schimmernde Wasserfläche ineinander übergehen.

»Schönes Blau«,
schreibt Ingeborg Bachmann in ihrem großen Gedicht »An die Sonne«,

»Schönes Blau, in dem die Pfauen spazieren und sich verneigen,
Blau der Fernen, der Zonen des Glücks mit den Wettern für mein Gefühl,
Blauer Zufall am Horizont! Und meine begeisterten Augen
weiten sich wieder und blinken und brennen sich wund.«

Begeistert sind die Augen, inspiriert, die dieses Blau der »Zonen des Glücks« erblicken, zu denen das »Blau der Fernen« und des Fernwehs gehört, die Freude, »ins Blaue« zu fahren und dem Unerwarteten, dem Zufall eine Chance zu geben! Auch ich lasse meine Augen von dem Blau um mich trinken und koste darin den Geschmack des Lebens. Das steinig helle Ufer, flirrend in der Mittagshitze, ein schmaler Streifen des scharfen olivgrünen Seegrases, violett überblüht von wilden Stauden – und wieder der Schatten des satten Grüns über mir, die Zweige des Nussbaums, die sich leise in dem Winde, der vom See herüberkommt, bewegen. Da, eben noch ein hochbeiniger Wasservogel, ein Fischreiher, der sich auf einem Stein neben dem silbergrünen Schilfgürtel niederlässt! Dass wir Farben sehen können, bewegte Formen! Licht und Schatten in so vielen Nuancen! Die Pfauen, von denen das Gedicht spricht, zeigen, wenn sie ihr Rad schlagen, die ganze Farbskala des Regenbogens!

Im selben Gedicht spricht Ingeborg Bachmann ein wunderbar frageloses Lebensgefühl, einen Glücksmoment an, in einem ihrer schönsten Sätze überhaupt:

»Nichts Schöneres unter der Sonne,
als unter der Sonne zu sein …«

Und staunend fährt sie fort:

»Nichts Schöneres, als den Stab im Wasser zu sehn und den Vogel oben,
der seinen Flug überlegt, und unten die Fische im Schwarm,
gefärbt, geformt, in die Welt gekommen mit einer Sendung von Licht,
und den Umkreis zu sehn, das Geviert eines Felds, das Tausendeck meines Lands

und das Kleid, das du angetan hast. Und dein Kleid,
glockig und blau!«

In die Höhe zu sehen, in die Tiefe, selbst unter die Wasseroberfläche schauen zu können, den ganzen Umkreis zu überschauen und anzukommen beim eigenen Kleid oder dem der Sonne? – Das Blau ist wie die Himmelsglocke! Es gibt nichts Schöneres, als zu sehen, dass man im Licht der Farben, dass man »unter der Sonne« ist! Farbe überhaupt: Ich wüsste kaum etwas zu nennen, was einen Menschen unmittelbarer mit seinen Emotionen und damit mit seiner momentanen Stimmung, seiner Lust oder seiner Unlust in Kontakt bringt als die Farben. Unmittelbar wird sein »Geschmack am Leben« berührt: Sprechen wir doch gelegentlich vom Farbenrausch. Schon die Farbe der Kleider, die wir jeweils tragen, kann die Stimmung aufhellen, das helle heitere Blau des Fernwehs, das Azurblau tiefen Gefühls, das Orange freundlicher Zugewandtheit, das Violett magischen Zaubers, das Rot des Mutes zu Leidenschaft und Aggression! All dies vermittelt uns unser Auge durch seine Sehnerven, die mit unseren Zentren der Emotionalität im Gehirn direkt vernetzt sind und diese aktivieren.

Wie stark können wir durch unseren Umgang mit Farben doch unseren »Geschmack am Leben« anregen, ausdrücken und damit wiedergewinnen. Allein dadurch, dass wir – zum Beispiel in unserer Kleidung – Farbe wagen und damit auch Farbe bekennen! Auch in der Wohnungseinrichtung zeigt der Mut zur Farbe einen eigenen Geschmack an und nicht zuletzt: Geschmack am Leben überhaupt! Unvergessen: Der weinrote Anzug, in dem ein junger Kollege zu der Sitzung erschien, in der außer ihm nur Herren in Schwarz und Grau anzutreffen waren. Ein Raunen des Erstaunens durchlief damals, vor Jahrzehnten die Runde. Heute ist man etwas mutiger geworden und gesteht auch Männern im Dienst einige Farbtupfer zu.

Wer wagt schon ein rotes Sofa, eine grüne Tapete! Natürlich muss es geschmackvoll aufeinander abgestimmt sein. Eine meiner Freundinnen erlaubte sich einen Farbenrausch, indem sie sich die Wohnung mit selbst gefertigten Batiken ausgestaltete, die das ganze Spektrum der Regenbogenfarben durchliefen und auch die komplementären Farbkontraste einbezogen. In der Tat: Sie war ein Mensch mit eigenem Geschmack und hatte einer widerständigen Lebensgeschichte den vitalen Geschmack am Leben immer wieder abgewonnen. Was bei ihr Selbsttherapie war, spontane Schaffensfreude, das lässt sich bei vielen Menschen durch einen therapeutischen Impuls anregen, gerade bei solchen, die den Geschmack am Leben zeitweilig verloren haben. »Malen Sie eine Farbe, die Sie gerne mögen« – mit dieser Aufforderung lassen sich manche Lebensgeister wieder wecken, vor allem die spontane Ausdruckskompetenz, die wir als Kinder alle hatten.

Zeichenkünste sind dafür nicht nötig, nur der Mut zu einer Lieblingsfarbe, die das ganze Zeichenblatt füllen kann. Wir tauchen dann richtig ein in diese Farbe – es wird ein Farbenbad, eine Farborgie –, wir schmecken sie gefühlsmäßig ab, kosten sie – es wird ein Farbenschmaus – und lassen uns bis zum Farbenrausch davon erfüllen. Fast immer kommt während des Malens eine zweite und dritte Farbe hinzu: Und es erklingt ein Farbakkord!

All dies wird durch unser Auge, unseren Sehvorgang wahrgenommen und schließlich im Gehirn durch entsprechende Verschaltungen sowohl in seiner gefühlsmäßigen wie auch geistigen Bedeutung für den ganzen Menschen verarbeitet und gedeutet. Farben verbinden sich beim Malen mit konkreten Gegenständen, mit Symbolen, werden selbst zu Symbolen: Schwarzbraun als Farbe fruchtbarer Erde wird zur Farbe der Isis und der schwarzen Madonna; Grün als Farbe der Vegetation, kann zur Farbe der Grünen Tara und der kosmischen Frau Weisheit werden. Eine ganze Mal- und Kunst-Therapie, ja eine ganze Lebenslehre wie Goethes *Farbenlehre* lässt sich aus dem bewussten Umgang mit Farben entwickeln. Die Wahrnehmung der Farbe und ihrer Bedeutung für unser Lebensgefühl aber wird uns durch unser Auge geschenkt, durch den gesamten Sehvorgang. Auch die Wahrnehmung der Formen und der Proportionen wird – im Gefolge des Tastorgans – vor allem vom Sehorgan und dem Sehvorgang geleistet. Auch hier führt die präzise Wahrnehmung durch das Sinnesorgan zur Erkenntnis der Symbolik und des Sinnes: Sei es anhand der Form eines Quadrates, eines Kreises, Kreuzes oder eine Labyrinths. Die Stimmigkeit der Form und der Proportion kann auch beim Betrachter ein Gefühl von Stimmigkeit auslösen, eine gut ausgewogene, ja ausbalancierte Zeichnung wie Paul Klees »Engel vom Stern« kann auch den Betrachter anleiten, seine Balance in schwierigen Krisenzeiten wiederzufinden. All diese Wahrnehmungen verdanken wir der Fähigkeit zu sehen. Je geschulter unser Auge für diese Dinge ist, desto mehr sehen wir.

Auch im Alltag gibt es diese Momente des bewussten Schauens: Aus dem Fenster meines Arbeitszimmers fällt mein Blick hinaus auf das warmrote Ziegeldach gegenüber, über dem oft eine freche kleine Wolke schwebt, kehrt zurück ins Zimmer und fällt auf die fein gemaserte Holztür, auf den Schreibtisch mit all den farbigen Papieren und dem Kinderbild darüber, mit dem man als Erwachsener bei der Arbeit so gern in Kontakt bleibt. Und dann begegnet mein Blick den erwartungsvollen Augen meines Gegenübers; wie so oft ein bekümmerter, belasteter Mensch. Da fällt mir eine andere Gedichtzeile von Ingeborg Bachmann ein:

»Sehen
angeblickt
habe ich's wieder erlernt.«

Einander anblickend lernen wir einander sehen, immer wieder neu. Die erwartungsvollen Augen meines Gegenübers, dieser oft so vertrauensvolle Blick öffnet auch mich, und mein Gegenblick vermag wiederum den anderen zu erwärmen.

Wissen wir heute doch, dass uns als kleine Kinder solche warmen Blicke aus den Augen unserer Mutter, unseres Vaters, unserer Großeltern oder Geschwister zu unserem ursprünglichen Selbstsein erweckt haben: zu dem Gefühl, gemocht zu sein, wichtig und richtig zu sein für die anderen. Vom Aufleuchten im Auge der Mutter, wenn sie mich sah, auch vom Aufleuchten im Auge des Vaters, hängt weitgehend mein Selbstwertgefühl auch später im Leben ab, so meinen die Psychologen. Wo es gefehlt hat oder allzu selten war, ist es viel schwerer für jeden von uns, später ein gutes Selbstwertgefühl und damit auch den rechten Geschmack im Leben zu gewinnen. Von Augen-Blick zu Augen-Blick lernen wir von der frühesten Zeit unseres Lebens an Beziehung (wie die Säuglingsforschung von Stern und Papousek zum Beispiel erweist), ja in solcher Augenbegegnung erlernen wir als Säuglinge überhaupt das Sehen, das Wahrnehmen des mütterlichen oder väterlichen Antlitzes. Über Spiegelung und Nachahmung der elterlichen Gestik und Mimik, die wir sehend wahrnehmen, entwickelt sich unser ganzer Zugang zur Zwischenmenschlichkeit, zur Kommunikation. Wie reagiert schon ein Kind in den ersten Lebenswochen mit dem ganzen Körper auf die Zuwendung oder Abwendung des mütterlichen Blicks, selbst wenn ihm die Hände nahe bleiben. Wie beginnt es mit allen Mitteln des Schauens um Wiederzuwendung der mütterlichen Augen zu werben, wie versinkt es in Resignation, wie erlischt die ganze Vitalität, wenn dieser Blick für längere Zeit ausbleibt! Es bedarf sogar einiger Anstrengung, um ein Kind nach minutenlanger Enttäuschung zum freudigen Blickaustausch wiederzugewinnen! Es geht dabei ums Ganze! »Erst indem das Neugeborene das Gesicht der Mutter immer wieder intensiv betrachtet, entsteht in all jenen Hirnbereichen, die dabei aktiviert werden, ein zunehmend deutlicheres und präziseres inneres Bild dieser Mutter, das dann auch immer besser und sicherer wiedererkannt wird. Im weiteren Entwicklungsverlauf wird dieses durchaus nicht nur in der Sehrinde lokalisierte, sondern auch mit einer bestimmten Stimme, einem bestimmten Duft, bestimmten Bewegungen der Mutter und den eigenen Erfahrungen und Gefühlen verbundene ›ganzheitliche innere Mutterbild‹ weiter geschärft und gleichzeitig erweitert um all das, was diese Mutter sonst noch zu bieten hat. Gefühle, die sich in Mimik und Gestik äußern, Fähigkeiten und Fertigkeiten, auch Schwächen und Unvollkommenheiten, die zum Erreichen des eigenen Wohlbefindens nutzbar sind, später auch Grenzen mütterlicher Geduld, die rechtzeitig erkannt und respektiert werden müssen.«

Auch dann, wenn das »Aufleuchten« im Auge der Mutter allzu selten gewesen ist, gilt, dass dieses Einander-Sehen, Einander-Ansehen, wann auch immer im Leben es geschieht, unser Auge wieder öffnen kann für uns selbst, für die eigene Schönheit, den eigenen Lebenswert und Liebenswert.

Gabriela Mistral spricht es aus in einem ihrer Gedichte:

»Weil du mich anblickst, werd' ich schön
schön wie das Riedgras unterm Tau.
Wenn ich zum Fluss hinuntersteige,
erkennt das hohe Schilf mein seliges Antlitz nicht mehr.«

So beschreibt sie es im Blick auf einen liebenden Menschen, dessen Auge wie Tau auf die geliebte Frau fällt. Der liebevolle Blick erweckt die Schönheit eines jeden Menschen. Den liebenden Blick, der auf sie fällt, weckt aber auch die Scham über das bisherige, weithin allzu freudlose Sein und Dasein:

»Ich schäme mich des tristen Mundes,
der Stimme, der zerrissenen, meiner rauen Knie.
Jetzt, da du mich herbeigeeilt, betrachtest,
fand ich mich arm, fühlt' ich mich bloß …«

Doch stärker, viel stärker als die Scham über die bisherige Kargheit ihres Lebens ist der erweckende Blick der Liebe:

»Die Nacht ist da: Aufs Riedgras fällt der Tau.
Senk lange deinen Blick auf mich, umhüll mich zärtlich
durch dein Wort.
Schon morgen wird, wenn sie zum Fluss hinuntersteigt,
die du geküsst, von Schönheit strahlen.«

Es geht noch um mehr, wenn der liebende Blick auf uns fällt, als um die Wiedererweckung unserer Schönheit. Die Braut im *Hohen Lied* spricht es aus: »Ich bin geworden in seinen Augen wie eine, die Frieden findet.« Der liebende Blick schenkt uns Frieden, den Frieden des Angenommenseins, der uns erlaubt und ermutigt, uns selbst anzunehmen.

Auch wenn wir solch einen Menschen, der uns den liebenden Blick schenkt, in diesem Augenblick nicht hätten: Fangen wir doch damit an, einem anderen, den wir gerne mögen, solch einen Blick zu schenken! Es ist nicht unmöglich, dass er erwidert wird.

Die Liebe ist die Schönheit
der Seele.
Augustinus

Täglich zu singen

Matthias Claudius

Ich danke Gott und freue mich
Wie's Kind zur Weihnachtsgabe,
Dass ich bin, bin! Und dass ich dich,
Schön menschlich Antlitz! habe,

Dass ich die Sonne, Berg und Meer
Und Laub und Gras kann sehen
Und abends unterm Sternenheer
Und lieben Monde gehen,

Und dass mir denn zu Mute ist,
Als wenn wir Kinder kamen
Und sahen, was der heilge Christ
Bescheret hatte, Amen!

Ich danke Gott mit Saitenspiel,
Dass ich kein König worden;
Ich wär geschmeichelt worden viel
Und wär vielleicht verdorben.

Auch bet ich ihn von Herzen an,
Dass ich auf dieser Erde
Nicht bin ein großer reicher Mann
Und auch wohl keiner werde.

Denn Ehr und Reichtum treibt und bläht,
Hat mancherlei Gefahren,
Und vielen hat's das Herz verdreht,
Die weiland wacker waren.

Und all das Geld und all das Gut
Gewährt zwar viele Sachen;
Gesundheit, Schlaf und guten Mut
Kann's aber doch nicht machen.

Und die sind doch, bei Ja und Nein!
Ein rechter Lohn und Segen!
Drum will ich mich nicht groß kastei'n
Des vielen Geldes wegen.

Gott gebe mir nur jeden Tag,
So viel ich darf, zum Leben.
Er gibt's dem Sperling auf dem Dach;
Wie sollt er's mir nicht geben!

Du bist schön

Anselm Grün / Johannes M. Roth

Es war unmittelbar nach einem meiner Kinderkonzerte. Die kleinen und großen Sänger waren begeistert dabei und sangen und tanzten kräftig mit. Am Ende fühlte auch ich mich ziemlich erschöpft und müde und wollte die Bühne in Richtung Ausgang verlassen, als sich mir ein kleines, eher schüchtern wirkendes Mädchen in den Weg stellte. Mit großen Augen schaute sie mich an. »Du bist schön!«, sagte sie mit leiser und unnachahmlicher Stimme. Mir verschlug es die Sprache. Etwas abgekämpft und müde frage ich dann doch: »Meinst du mich?« »Du bist schön!«, wiederholt sie. Verdutzt bedanke ich mich bei ihr und versichere ihr, dass sie »wunderschön« sei und signierte ihr eine Autogrammkarte mit den Worten: »Für den kleinen Engel«.

Erst auf der Heimfahrt überlege ich, ob das Lied »Einfach genial«, das wir gesungen hatten, sie ermuntert hat, einem anderen Menschen etwas Liebes, Wertschätzendes zu sagen. Vielleicht. Ich frage mich, ob wir uns nicht viel zu selten diese schönen und stärkenden Worte sagen. Erinnern wir uns doch öfters daran, wie schön wir aussehen, wie wunderbar es ist, dass wir uns haben, uns erleben, gemeinsam etwas erleben. Meist fallen uns die negativen Seiten am anderen mehr auf als die positiven. Nicht nur Kinder wollen gelobt, anerkannt und wertgeschätzt werden. Auch das Kind in uns sehnt sich nach diesem Ritual des Würdigens, des Lobens, des Ja-Sagens: Ja, es ist schön, dass es dich gibt. Du bist schön. Und ich denke wieder an die Worte dieses kleinen Engels nach dem Konzert.

Jedes Kind ist schön, auch wenn es nicht immer äußerlich auffallende Schönheit vorzuweisen vermag. Kinder sind schön, weil sie mit sich im Einklang sind, weil sie sich nicht in ein Modeschema pressen müssen und pressen lassen. Sie sind einfach so, wie sie sind. Wenn Kinder lachen, kommt ihre Schönheit zum Ausdruck. Dann vergeht auch uns Erwachsenen das Urteilen darüber, ob dieses Kind jetzt schöner ist als das andere.

Was für Kinder gilt, das gilt für jeden Menschen: Jeder Mensch ist schön, wenn er im Einklang mit sich selbst ist. Viele Menschen sind jedoch todunglücklich, weil sie einem bestimmten Schönheitsideal nacheifern und ihm nicht entsprechen. Sie meinen, um schön zu sein, müssten sie eine bestimmte Figur und ein bestimmtes Gesicht haben, natürlich beides ohne Falten. Aber was in den Medien als Schönheit gepriesen wird, ist oft eine leblose Maske, die zwar oberflächlich betrachtet gut aussieht, aber in sich leer ist. Das Kind in uns will uns vom Terror eines Schönheitsideals befreien und uns an die Schönheit erinnern, die in uns ist. Wir brauchen uns nicht mit anderen zu vergleichen. Unsere Aufgabe ist es vielmehr, in Einklang mit uns zu kommen, gerne in unserem Leib zu wohnen und ihn und uns gern zu haben. Dann strahlen wir auch Schönheit aus.

Platon ist der Ansicht, dass die Schönheit ein Attribut des Seins ist. Alles Seiende ist immer zugleich wahr, gut und schön. Es gibt nichts Seiendes, das hässlich ist. Das griechische Wort für das »Hässliche«, *»aoros«*, heißt übersetzt eigentlich »unzeitgemäß«. *»Hora«* ist die Stunde, *»aoros«* also »aus der Stunde«: Das, was nicht in der Stunde ist, ist nicht nur unzeitgemäß, sondern auch hässlich. Was ganz im Augenblick ist, das ist auch schön. Diese vielleicht zunächst fremde Sichtweise ist für mich durchaus aktuell, denn wenn ich mich mit meinem Alter ausgesöhnt habe, wenn ich in meinem Leib der Zeit entsprechend lebe, die ich hinter mir habe, dann bin ich schön. Wenn ich jedoch im Alter wie ein Jugendlicher aussehen möchte, ist das gegen die Zeit. Es ist hässlich. Die alten Menschen, die sich durch Schönheitsoperationen den Anschein des Jungen geben, spiegeln keine wirkliche Schönheit. Sie haben oft genug ein leeres Gesicht. Ein altes Gesicht voller Falten, dem man das Einverständnis mit seinem Alter ansieht, ist dagegen schön. Das Kind hat eine eigene Schönheit, der Jugendliche, die junge Frau, der alte Mann, die weise Frau – sie alle spiegeln sie wider, wenn sie authentisch sind, mit sich im Einklang, im Einklang mit der Zeit, in der sie leben.

Menschen, die ängstlich um ihre eigene Schönheit kreisen, leiden oft an mangelndem Selbstwertgefühl. Sie haben den Eindruck, nur dann geliebt zu werden, wenn sie einem bestimmten Ideal entsprechen. Sie vergleichen sich mit anderen Männern oder Frauen und fühlen sich weniger schön und somit weniger liebenswert. Ein Beispiel: Eine Frau wollte ihrem Mann zuliebe eine Schönheitsoperation über sich ergehen lassen. Sie dachte, dass er sie dann wieder mehr lieben würde. Als sie jedoch die Verbände abgenommen hatte und die Narben verheilt waren, verließ sie ihr Mann. Wenn ich mich zu sehr den Erwartungen anderer anpasse, verliere ich meine eigene Schönheit. Ich versuche, in den Augen anderer schön zu sein, und vergesse, dass ich in meiner Einmaligkeit meine eigene Schönheit habe.

Wenn ich nun also einem schönen Kind begegne, das ich bestaune, will es mir sagen: »Du bist selbst schön. Trau deiner Schönheit. Du musst dich nicht nach den Erwartungen anderer richten. Sei so, wie du bist, dann bist du auch schön. Und wenn deine Schönheit irgendjemandem nicht gefällt, ist das seine Sache. Du musst nicht allen nachlaufen. Du bist in Gottes Augen schön und du bist in dir schön, wenn du einfach bist. Denn das Sein ist immer auch schön. Wenn du also einfach bist, dann bist du auch schön.«

Schönheit feiern

Margot Käßmann

Schön bist du wie keiner unter den Menschen. (Pslam 45,3)

Da können wir noch so viel »Bodyforming« machen, das Zahnfleisch geht zurück, der Busen wird schlaffer. Die Haare werden grau! Auch wer bis fünfzig noch mit einigen wenigen grauen Strähnen davongekommen ist, jetzt sind Entscheidungen gefragt: Färben oder nicht? Tönen oder Strähnchen? Bei Männern hat sich diese Frage oft erledigt, sie kämpfen mit dem Haarverlust und der äußeren Veränderung, die er mit sich bringt. Frauen aber müssen entscheiden: Grau zulassen oder Farbe, und wenn ja, welche? Aber auch andere Veränderungen finden statt. Irgendwann verschwimmen die Buchstaben in den Büchern oder auf den Straßenschildern. Dann führt kein Weg an einer Brille vorbei; wer damit nicht zurechtkommt, kann heute immerhin zu Kontaktlinsen greifen. Und als meine Tochter das erste Mal sagte. »Mama, kann es sein, dass du schwer hörst?«, hat es mich doch getroffen. Meine Großmutter hat ihre Schwerhörigkeit damals immerhin mit Humor genommen und erklärt, es sei auch von Vorteil, nur noch das hören zu müssen, was sie hören wolle. Und da hat sie in der Tat ausgewählt! Aber aller Humor hilft nicht darüber hinweg, dass es Einschränkungen gibt, Veränderungen, die wir nicht ignorieren können.

Das gilt auch für die körperliche Leistungsfähigkeit insgesamt. Mehr als ein Mann in meinem Bekanntenkreis hat nach dem vierzigsten Geburtstag begonnen, für einen Marathonlauf zu trainieren. Einmal einen Marathon bewältigen, bevor es »zu spät« ist – das wurde plötzlich ein sehr erstrebenswertes Ziel. Die eigene Kraft noch einmal spüren, messen, bevor sie wirklich nachlässt – ich kann das nachvollziehen, auch wenn für mich Sport eher Entspannung bedeutet und ich mir Druck zur Leistung dabei erspare.

Aber ist es nicht überhaupt eitel, über den Körper, seine Kraft und Attraktivität, über seine Schönheit nachzudenken? Eitelkeit gehört in der Bibel nun wahrlich in die Lasterkataloge. Und: Ist »Schönheit« überhaupt eine akzeptable Kategorie in der Mitte des Lebens? Wie steht es mit Humor in Sachen Schönheit? Oder gibt es da nur Konkurrenz und Maßeinheiten? Wer definiert Schönheit? Wenn ein Mensch heute Antworten auf solche Fragen sucht, geht die Recherche spontan ins Internet. Für »Schönheit« gibt es 992 000 Treffer in 0,21 Sekunden. Und da ist dann schon auf der ersten Seite alles für die älter werdende Zielgruppe, von Anti-Aging über Plastische Chirurgie bis hin zur Ästhetischen Chirurgie.

Für »Schönheit in der Bibel« gibt es im Internet immerhin noch 41 500 Treffer in 0,23 Sekunden. Dort geht es dann allerdings eher um schöne Bibeln und die Schönheit der Psalmen. Und bald trifft man auch auf den mahnenden Bibelvers in Hesekiel 28,17: »Die Schönheit ist dir zu Kopf gestiegen.« Ja, Demut wird in der Bibel gepriesen und Hochmut kommt bekanntlich vor dem Fall. Schließlich sollen wir nicht äußeren Werten nachjagen, sondern uns um die Seele, das Heil, den Lebenssinn bemühen. Aber wie sehr wird Schönheit in der Bibel doch auch gepriesen, ja geliebt! Das fängt mit der Schöpfung an: »Gott sah an alles, was er gemacht hatte, und siehe, es war sehr gut!« (1. Mose 1,31) Es war sehr gut – es war sehr schön. Und das kann doch auch der Mensch im 21. Jahrhundert unmittelbar empfinden, am Meer, bei einem Waldspaziergang, auf einer blühenden Bergwiese, beim Anblick eines Sonnenaufgangs: Die Schöpfung ist wunderbar! Wir können sie preisen wie die Dichter der Psalmen, wir erfahren ihre Schönheit und können wie Psalm 147 sagen, dass es schön ist, Gott in der Schöpfung zu lieben. Auch wir können, wenn wir mit offenen Augen schauen, sehen, dass die »Frucht des Landes herrlich und schön ist« (Jesaja 4,2).

Und dann gibt es auch in der Bibel natürlich einen Blick für die Schönheit junger Menschen: Rahel wird beschrieben als »von schöner Gestalt« (1. Mose 29,17), genauso wie Josef (1. Mose 39,6). Was ist das für eine Schönheit? Rahel und Josef waren natürlich jung, als sie so beschrieben wurden, und Jugend hat eine ganz eigene Schönheit. Ein junges, rankes Mädchen, faltenlos, hat eine besondere Anmut und Schönheit. Ein junger Mann, strotzend vor Energie ist schön! Aber nicht nur die unberührt wirkende Jugend ist schön, auch das Leben kann schön machen, Menschen können auf eigene Weise schöner werden mit der Zeit. Alter schließt Schönheit nicht aus. Vor vielen Jahren auf einer Reise nach Ungarn habe ich ein Altenheim besucht. Da war eine sehr alte Frau mit einem Gesicht voller Falten – die ich nie vergessen habe, weil ich sie auf beeindruckende Weise schön fand. Schön, weil voller Leben und doch im Einklang mit dem Leben. Schönsein, das heißt nicht konform, nicht 90-60-90, und alles andere ist egal. Schönheit ist nicht ein Abziehbild, wie es Tausende gibt. Schönheit kann auch durch gelebtes Leben entstehen, durch eine innere Harmonie, die wir ausstrahlen, durch Glück, das sich auf unserem Gesicht zeigt.

Eine alternde Frau aber wird selten als schön empfunden. Zum höchsten Gut gleich nach der Gesundheit sind Attraktivität und Jugendlichkeit geworden. Also wird nicht nur Sport getrieben und das Fitnessstudio besucht – was ja wahrlich gut sein kann –, sondern auch Botox gespritzt, Silikon eingearbeitet, Fett abgesaugt, eine Diät nach der anderen ausprobiert. Wie schade, was für ein Verlust – von Zeit und Energie, die dafür aufgewendet werden, aber auch von Individualität! Falten zeigen ja auch gelebtes Leben. Und bei manchem Gesicht mit Falten denke ich: Wie schön ist das! Frauen müssen auch selbst immer wieder prüfen, wer hier eigentlich die Deutungsmacht hat, wer definiert, wie es zu sein hat. Ich will Schönheitsoperationen nicht in Bausch und Bogen verdammen. Wenn eine Frau unter ihrer Busengröße oder ihrer Nase massiv leidet, kann ein operativer Eingriff für sie eine Erleichterung sein. Aber der Versuch, das Alter zu verbannen, nimmt Menschen auch etwas von ihrer Persönlichkeit. Immer mehr Menschen legen sich auch in Deutschland unters Messer, Schönheit ist inzwischen für Geld zu haben. Aber ist das Schönheit? Von einer Sängerin wurde kürzlich berichtet, sie habe inzwischen so ziemlich alles operiert und findet nun ihre Knie fett, die sollten als nächstes verschlankt werden. Das sind Wahnvorstellungen.

Durch die Zeiten hat sich das Empfinden für Schönheit sehr gewandelt. Wenn wir an die Gemälde vom Anfang des 17. Jahrhunderts denken, an Rubens und die Frauengestalten, die er malt: Üppige Rundungen an Bauch, Hüften und Busen, runde Gesichter, das galt als schön! Die heutigen »Schönen«, die Magermodels, wären mit Mitleid abgestempelt worden. Wer sich Müßiggang und Schatten leisten konnte, war dick und blass. Und schön. Dünn und von der Sonne gebräunt waren die, die schuften mussten – *low-class* galt noch nie als schön …

Heute haben in den USA die so genannten »religiösen Rechten« das Problem mit dem Gewicht als Missionsprogramm entdeckt. Da gibt es: »Dieting for Jesus« (Abspecken für Jesus) und Diätmaterial mit Titeln wie »Hilfe, Herr – der Teufel will mich mästen« oder »Bete dein Gewicht weg« oder auch »Slim for Him«. Auf Versammlungen wird verkündet, dass Gott allen Fettbeladenen hilft (kein Scherz, zu finden auf der Homepage »Slim for

Him«), und Bekenntnisse werden geäußert wie: »Gott hat mich von Little-Debie-Keksen erlöst.« Das ist nun wirklich die Verkehrung der Rechtfertigung allein aus Glauben, der frohen Botschaft, dass Gott die Menschen ohne Voraussetzungen liebt – eine Verkehrung in allergrößte Absurditäten. Das kann eigentlich kaum jemand ernst nehmen – und vielleicht ist die Studie der Purdue University beruhigend, die besagt, dass Christen in den USA weit molliger sind als andere Amerikaner – vielleicht nehmen sie den Diätwahn ja gelassener oder sind die größeren Genießer. Aber dass als Konfirmationsgeschenk immer öfter eine Brustvergrößerung oder eine Nasenkorrektur gewünscht wird, muss zu denken geben. Ich wünschte mir damals einen Plattenspieler. (Auch ich habe mich bei der Konfirmation 1972 allerdings schon zu dick gefühlt, so neu ist das alles wohl gar nicht, nur extremer.)

Aber ernsthaft: Bulimie und Anorexie sind heute in Deutschland weit verbreitet. Gerade Mädchen leiden zum Teil entsetzlich, wenn sie den Magermodels mit Größe 32 nicht entsprechen. Sie hungern und erbrechen, haben Angst vor jeder Kalorie und unterdrücken die Lust am Stück Sahnetorte, und gleichzeitig erobern Fast Food und Supersize-Portionen den Markt … Dieser Druck zur Konformität mit einem Idealbild und die permanent erzeugte Unzufriedenheit mit dem eigenen Körper sind traurig, finde ich. Mit der biblischen Lust und Freude am Verschiedenen, am Schönen, mit dem Moment des Staunens und der Liebe hat das alles nichts zu tun.

Das Sprichwort sagt: »Schönheit liegt im Auge des Betrachters«, und damit kommen wir der Schönheit vielleicht auf die Spur. Die Liebe macht den anderen schön, lässt die andere schön sein in meinen Augen. Das können wir in allen Liebesliedern der Welt nachlesen – in der Bibel zum Beispiel im Hohelied Salomos, das schon so manche trockene Konfirmandenstunde spannend werden ließ.

»Siehe, meine Freundin, du bist schön! Siehe, schön bist du. Deine Augen sind wie Taubenaugen hinter deinem Schleier. Dein Haar ist wie eine Herde Ziegen, die herabsteigen vom Gebirge Silead« (2,1 ff.) – obwohl, »Ziegenhaar«, da fing das Gekicher schon an. Wer findet was schön? Aber geht es nicht wunderbar weiter: »Deine beiden Brüste sind wie junge Zwillinge von Gazellen, die unter den Lilien weiden« (4,5) – da erfreut nicht zuletzt das Wunder, dass ein solcher Text in der Bibel bleiben durfte.

Mich freut, dass die Bibel Schönheit und Liebe begeistert feiert. Wie oft ist das in der Kirchengeschichte ignoriert worden. Nicht Begeisterung, sondern Sündenbewusstsein, nicht Liebe als Geschenk Gottes, sondern Keuschheit als Lebenshaltung wurden da gepredigt. Ach, wie viel Lebensfreude und Lebenslust wurden so zerstört. Die Bibel hält da eine gute Balance, finde ich. Einerseits wird Schönheit geliebt und gepriesen: »Du bist wunderschön, meine Freundin, und kein Makel ist an dir« (Hohelied Salomos 4,7). Andererseits heißt es in den Sprüchen: »Lieblich und schön sein ist nichts; ein Weib, das den Herrn liebt, soll man loben« (21,30). Diese Balance hält auch das Neue Testament mit der Warnung vor ihrer Vergänglichkeit, etwa im Jakobusbrief. »Die Blume fällt ab und ihre schöne Gestalt verdirbt; so wird auch der Reiche dahinwelken in dem, was er unternimmt« (I,II), und andererseits den Lilien auf dem Feld, deren Schönheit gepriesen wird (Matthäus 6,28). Und Jesus selbst konnte sich salben lassen, er feierte und wusste das Schöne im Leben zu schätzen. Sich selbst guttun, das ist biblisch gesehen nicht verwerflich.

Ein schöner Tag kann ein Tag sein, der einfach gelebt wurde. Schön eine Zeit, die intensiv war. Schön der »Glanz Gottes, der aus Zion hervorbricht« (Psalm 50,2): Das ist Schönheit im Moment, das Spüren des Lebens, die Wahrnehmung der Natur, ein Lachen, das aus der Tiefe kommt. Ja, und da ist die Schönheit des Menschen. Aber sie zeigt sich nicht in Body-Mass-Index-Einheiten. Ein schöner Mensch – voller fröhlicher Energie. Ein Mensch, der etwas weiß und zeigt vom Leben in aller Tiefe. Schönheit ist die Eigenheit jedes Menschen, geschaffen von Gott. Alle verschieden. Der kleine behinderte Junge und das Model, der rundliche Mann und die alte Dame, die mit der krummen Nase und der mit den breiten Ohren. Ich empfinde ein Mädchen mit Down-Syndrom schön, weil sie von innen her strahlt und etwas spüren lässt von der Liebe zum Leben, vom Glücklichsein. Schön ist auch ein Tag, an dem ich etwas geben konnte, an dem ich für jemanden wichtig war, oder ein Tag, an den ich gern zurückdenke. Schön ist ein Moment der Stille am Meer. Einklang mit der Natur. Harmonie mit einem Menschen.

Warum nur müssen wir alles normieren, angleichen, anpassen, gleichmachen, klonen, damit es einem Ideal entspricht, das sich ja doch immer wieder verändert? Schönheit ist Individualität. Schönheit strahlt aus dem Mann, der eine wunderbare Erfahrung gemacht hat. Schönheit leuchtet aus der Frau, die Liebe gespürt hat und Liebe geben konnte.

In der Bibel sehe ich solche Schönheit, wenn Menschen angesehen werden durch Jesus, mit den Augen der Liebe, und so »angesehene Menschen« werden. Schönheit ist wunderschön! Ich wünschte, wir hätten die Freiheit, sie im Alltag mehr zu entdecken. Dann wären wir wohl auch wieder offen für das Wunder des Lebens, das jeden Tag geschenkt wird.

Vielleicht können die Mitte des Lebens und die Veränderungen unseres Körpers schlicht unseren Blick weiten. Der Druck nimmt ab, ich muss nicht »gefallen«, es geht darum, wer ich bin. Wenn Jugend und Anpassung an eine Norm hinter uns liegen, können wir Schönheit in neuen Kategorien wahrnehmen, weniger oberflächlich, und das erlebe ich als Bereicherung. Ich kann mich freuen an der Schönheit der Jungen, und ich kann mit den Augen der Liebe eine ganz andere, weniger offensichtliche Schönheit entdecken. Vielleicht können wir auch neu lernen, anderen zu sagen, was wir an ihnen schön finden. Wie gut tut es, wenn jemand dir sagt: »Deine Beine sind einfach super.« »Du hast die grünsten Augen, die ich kenne«, oder: »Ich mag deine Lachfalten.« Richtig gefreut habe ich mich neulich, als eine Freundin sagte: »Jetzt wirst du richtig grau, sieht aber toll aus, das steht dir!« Na also …

Schließlich ist mir vom Glauben her wichtig, dass wir nicht unsere eigenen »Schönfinder« sein müssen; Fulbert Steffensky verwendet diesen Begriff: »Im Gebet sind wir am meisten die, die wir sein sollen; die, die nicht auf sich selbst bestehen, die sich aussagen in den Grund der Welt … Wir erkennen unsere eigene Schönheit und Würde im Blick Gottes … Das Gebet ist der höchste Ort der Passivität; des Verzichts darauf, sein eigener Liebhaber und Schönfinder zu sein.« Wir müssen nicht unsere eigenen Schönfinder sein, weil Gott uns schön findet. Und gerade deshalb können wir uns annehmen, wie wir sind, und nicht ständig an uns selbst herummäkeln. Ich bin selbst nicht frei davon, überheblich soll das nicht klingen. Aber es gibt Freiheit, zu sagen: Wie ich bin, hat Gott mich geschaffen.

Am Ende denke ich, die Liebe ist entscheidend. Die Liebe Gottes zuallererst, auf die ich mich verlassen kann, eine Lebenshaltung, die darauf vertraut: Ich kann nie tiefer fallen als in Gottes Hand. Und das gilt im Leben wie im Sterben. Aber es geht auch um die Liebe von Menschen, die mich hält und trägt in guten und in schweren Zeiten. Das wusste schon der Apostel Paulus wenn er unnachahmlich eine Art biblisches Liebeslied formuliert im ersten Korintherbrief: *»Die Liebe ist langmütig und freundlich, die Liebe eifert nicht, die Liebe treibt nicht*

Mutwillen, sie bläht sich nicht auf, sie verhält sich nicht ungehörig, sie sucht nicht das Ihre, sie lässt sich nicht erbittern, sie rechnet das Böse nicht zu, sie freut sich nicht über die Ungerechtigkeit, sie freut sich aber an der Wahrheit; sie erträgt alles, sie glaubt alles, sie hofft alles, sie duldet alles. … Nun aber bleiben Glaube, Hoffnung, Liebe, diese drei; aber die Liebe ist die größte unter ihnen« (1. Kor 13). Für mich ist das auch eine Standortbestimmung in Zeiten, in denen die Ökonomisierung aller Lebensbereiche überhandzunehmen scheint. Das Wichtigste im Leben ist eben nicht käuflich: Liebe, Freundschaft, Vertrauen, Glaube. Das Wichtigste und Größte gewinnst du nicht, wenn du versuchst, zu raffen und festzuhalten, sondern gerade, indem du selbst freigiebig bist, indem du liebst, indem du Vertrauen schenkst. Und du wirst Liebe erleben und Vertrauen erfahren, weil es einen Segenskreislauf des Gebens und Nehmens dieser Grundgefühle des Lebens gibt.

Auf Begierde soll man verzichten, nicht aber auf Freude.

Hazrat Inayat Khan

Beschenken Sie sich selbst

Richten Sie einen Raum für sich ein oder planen Sie Zeit für sich allein, um sich und Ihr Leben zu feiern. Gehen Sie bewusst allein in Ihr Lieblingscafé und bestellen Sie Ihren Lieblingskuchen. Machen Sie Dinge nur für sich. Tun Sie regelmäßig etwas alleine, was Ihnen Freude bereitet, und machen Sie sich selbst ein Geschenk. Liebe zu sich selbst heißt auch, inneren Halt zu finden. Wenn niemand mit Ihnen einen bestimmten Film ansehen möchte, dann gehen Sie alleine ins Kino. Wenn niemand auf die Idee kommt, Ihnen Blumen mitzubringen, schenken Sie sich selbst welche. Solche Geschenke der Selbstliebe sollten Sie sich immer wieder gönnen, vor allem, wenn Sie verunsichert sind und sich ungeliebt fühlen.

Selbstlob-Übung

Konzentrieren Sie sich in Ihrem Leben auf das, was Sie wirklich können und was Ihnen leichtfällt, und weniger auf die Dinge, die Ihnen schwer von der Hand gehen oder für die Sie nicht geschaffen sind. Nehmen Sie ein Blatt Papier oder Ihr Tagebuch und schreiben Sie zehn Fähigkeiten auf, die Sie besitzen, und was Ihnen an sich gefällt. Erweitern Sie diese Liste immer wieder und machen Sie sich bewusst, wo Ihre Stärken und Talente liegen. Das fördert Ihr Selbstvertrauen und Ihre Selbstliebe. Sie können die Übung auch mit Freunden oder Freundinnen, Schwestern, Brüdern oder Kolleginnen machen und sich gegenseitig Ihre Stärken vorlesen. Lassen Sie die weibliche Unart weg, dass es peinlich sei, wenn frau sich selbst lobt. Orientieren Sie sich am männlichen Geschlecht, das meist weniger Probleme hat, sich selbstbewusst zu verkaufen. Stehen Sie zu sich und Ihren Stärken. Das macht Spaß und stärkt Ihr Selbst-Vertrauen.

Schön sein!

Ingrid Riedel

Für Hildegard von Bingen und ihre Spiritualität ist Schönheit eine Erscheinungsweise und Offenbarungsweise des Göttlichen. So spricht denn Frau Weisheit, die Sophia, in einer von Hildegards Visionen über sich selbst: »Ich werde mich in schöner Gestalt zeigen, glänzend wie Silber; denn die Gottheit, die ohne Anbeginn ist, strahlt in großer Herrlichkeit.«

Hildegards Kosmosschrift, das Spätwerk der Siebzigjährigen, beginnt mit folgender Vision: »Und ich schaute … inmitten der südlichen Lüfte ein wunderschönes Bild. Es hatte die Gestalt eines Menschen. Sein Antlitz war von solcher Schönheit und Klarheit, dass ich leichter in die Sonne hätte blicken können als in dieses Gesicht.«

Aber auch die durch den Menschen gestörte Schöpfung soll nach Hildegard zuletzt wieder in ihre volle Schönheit gelangen: »Wenn dies alles geschehen ist, dann werden die Elemente in höchster Herrlichkeit und Schönheit aufleuchten. Alle Hüllen der Schwärze und des Schmutzes sind von ihnen genommen.« Es dürfte sich gewiss auch um eine weibliche Komponente von Hildegards Spiritualität handeln, wenn sie es unentbehrlich findet, auch die schöne Kleidung und den edlen Schmuck ihrer visionären Gestalten immer wieder genau zu beschreiben. Kleidung ist für sie nicht etwas Äußerliches, sondern Ausdruck der Seele, der inneren Ausstrahlung und deren Gestaltung. So vermutet sie, dass selbst die Verstorbenen sich manchmal zurücksehnen nach ihrem Sein im Körper, nach »ihrem geliebten Kleid«. Das sagt diese Frau in die Jenseitssehnsucht des Mittelalters hinein!

So schaut und schildert sie selbst die göttlichen Gestalten, die ihr erscheinen, vom Kopf bis zu den Füßen in all ihrer Schönheit:

»Ihr Gesicht leuchtete wie die Sonne, ihre Kleider glänzten wie Purpur; um den Hals trug sie ein goldenes Band, mit köstlichen Edelsteinen geschmückt. Sie hatte Schuhe an, die Blitzesleuchten ausstrahlten.«

Kein Wunder, dass Hildegard bei dieser Einstellung zur Schönheit auch ihre Mitschwestern an den hohen christlichen Festen nicht in Sack und Asche sehen wollte: Sie gingen geschmückt zum Gottesdienst, mit offenem Haar, bekränzt und in farbigen Schleiern.

Wie doch Freude und Glück
einen Menschen schön machen!
Wie atmet im Herzen die Liebe!
Fjodor M. Dostojewski

Liebe zur Schönheit

Dorothee Sölle

Kinder und Künstler sind Lehrer einer Spiritualität der Schöpfung. Sie setzen die geschaffenen Dinge in eine neue Verbindung zueinander, sie verwandeln das Alltägliche in ein Wunder und das Vorhandene in ein Geschaffenes. Durch sie verlernen wir unsere trostlose Trivialität, sie lehren uns das freudige Erstaunen. Wir nehmen die Magnolie wieder wahr, als sähen wir sie zum ersten Male. Wir lernen einen anderen Blick.

Ein wesentliches Element für eine Spiritualität der Schöpfung ist die Fähigkeit, Schönheit wahrzunehmen. Menschen sind zu einer zweckfreien Anschauung der Dinge imstande, die wir ästhetisches Wohlgefallen nennen. Nimmt man das Verbum »wahrnehmen« wörtlich, dann zeigt sich, dass Wahrnehmung etwas mit Wahrheit zu tun hat. Die Wahrnehmung des Schönen verlockt uns zur Wahrheit. Wenn nach den Worten des Dichters William Blake »die Tore der Wahrnehmung gereinigt sind«, dann bekommen wir mehr zu Gesicht und werden der geschaffenen Welt auf andere Weise gewahr. Die Dinge erscheinen nicht länger als verfügbare tote Materie, sondern als lebendige, wachsende Organismen. Im ästhetischen Sinne sind wir alle Animisten, die glauben, dass allen eine lebendige Seele innewohnt. Wahrnehmung des Schönen bringt die Gegenstände unserer Anschauung zum Reden. Es entsteht ein Dialog zwischen dem Betrachter und dem ansonsten in unserer Kultur als unbelebt geltenden Gegenstand. Im Gespräch mit der Sonne oder dem Baum begreifen wir den Zusammenhang der Schöpfung, und vielleicht erblicken wir sie so, wie Gott sie sah, als er am

Anfang sprach: »Siehe, es ist sehr gut!« Das hebräische Wort für gut – *tov* – hat auch die Bedeutung von schön. Also sprach Gott bei der Erschaffung der Welt: »Siehe, alles ist sehr schön!«

Mach nur die Augen auf,
und du wirst sehen:
Die Welt ist von Gott erfüllt.
Jakob Böhme

Freude – schöner Götterfunken …

Klaus Renn

Stellen Sie sich vor, Ihr ganz persönlicher Lebensgrund bestünde aus reiner, pulsierender Lebensfreude. Und hinter beziehungsweise unter Ihrem momentanen Gesichtsausdruck (vielleicht alltäglich-mürrisch) würde augenblicklich ein heiteres Gesicht erstrahlen … Stellen Sie sich vor, Ihr ganzer Körper würde sich von innen leicht und hell anfühlen, als ob ein Ganzkörperlächeln freudige Lebensenergie durch alle Poren Ihrer Haut ein- und ausatmet.

Erlauben Sie sich, für kurze Momente in dieses »Als ob« einzutauchen. Schauen Sie ruhig weiter in dieses Buch und schenken Sie Ihrem Gesicht ein liebevolles Lächeln – ein Lächeln, wie es spontan entsteht, wenn ein kleines Kind Sie »einfach so« anlächelt. (Es reicht schon, wenn Sie ein sanftes Mikro-Lächeln um die Mund- und Augenwinkel platzieren, das mehr nach innen spürbar als nach außen sichtbar wird). Jetzt sind Sie eingeladen, dieses Lächeln sich selbst zu schenken … Lächeln Sie mit diesem liebevollen Blick voller strömenden Lichts zu Ihrem eigenen Herzen (in die Mitte der Brust) und erlauben Sie sich, sich selbst auf diese Art ein paar Atemzüge lang Gesellschaft zu leisten.

Freude ist untrennbar eingewoben ins Lachen, in Mitgefühl, Herzenstiefe, in Mitfreude, in Mitleid, Vertrauen, Zuversicht, Glücklichsein, Lust, Hoffnung … Viele Empfindungen und Gemütsregungen sind mit Freude verbunden.

Kleine Kinder lachen und freuen sich täglich etwa zweihundertmal. Sie leben ihren freudigen Lebensgrund, und bei allen möglichen Gelegenheiten lachen sie aus ganzem Herzen und freuen sich. Kinder sind lebendig, sie lachen, freuen sich, weinen, sind wütend, fürchten sich, lachen dennoch, ängstigen sich und freuen sich bald darauf schon wieder …

Es ist wunderbar und tröstlich anzunehmen, dass unser »Inneres Kind« mit seiner Ausgelassenheit und Lebendigkeit immer bei uns ist. Vielleicht haben Sie es eingesperrt und geben dem Kind in sich wenig Ausgang, weil Sie ein ernsthafter, ernst zu nehmender und erwachsener Mensch sind. Dennoch wird es Ihnen nicht gelingen, Ihre Lebendigkeit und Freudigkeit ganz aus Ihrem Alltag zu vertreiben. Freude kann sich immer ereignen, bei körperlicher Betätigung, in der gelungenen Leistung, im gemeinschaftlichen Erfolg, selbst im Gefängnis, beim Sex, im Blick eines Mitmenschen, in der Musik und noch im schluchzenden Weinen … Freude ist nicht den Jungen, Erfolgreichen, Reichen und Gesunden vorbehalten. Freude können Sie gerade auch in schwerem Schmerz und Leid erfahren.

Vielleicht fühlen oder spüren Sie im Augenblick einen Hauch dieses Gefühls. Falls Sie noch etwas Zeit haben, verweilen Sie etwas in dieser Erfahrung. Dabei können sie sich unterstützen, indem Sie ihren Atem spüren, wie er sanft durch die Nase, am Herzen vorbei zur Körpermitte fließt und dann denselben Weg wieder rückwärts nimmt. Garantiert formen sich Ihre Gesichtsmuskeln dabei zu einem sanften Lächeln.

Das Geschenk des »natural high«: Ein freudvolles Leben erspart Ihnen nicht nur die Einnahme von grünen, blauen, weißen und gelben Pillen der Pharmaindustrie gegen die Traurigkeit. Wie von selbst stoppt Ihr Körper im Gefühl der Freude die Ausschüttung des Stresshormons Adrenalin und produziert für Sie körpereigene Endorphine, Glückshormone. Strafrechtlich unbedenkliche Opiate stehen Ihnen so für Ihr natürliches Gefühlshoch zur Verfügung und als Nebenwirkung stärkt sich Ihr Immunsystem. Ihr Gesamtwohlbefinden steigt und Ihre Mitmenschen suchen verstärkt den Kontakt zu Ihnen.

Haben Sie an so einem erfreulichen Leben auf Dauer Interesse?

Sie sind eingeladen, jetzt gleich das Gefühl der Freude zu erforschen. Sie könnten zum Beispiel wissen wollen, was es braucht, um dieses freudige Grundgefühl immer öfter zu empfinden; oder was es braucht, damit die Freude wieder zu Ihnen zurückkehrt, wenn Sie sich aus Ihnen zurückgezogen hat; oder was zwischen Ihnen und der Freude steht –?

Damit Sie auf diese und ähnliche Fragen sinnvolle und vor allem neue Antworten bekommen können, bedarf es des »Focusings«: einer Form nach innen gerichteter, körperlicher Aufmerksamkeit.

In innerer Achtsamkeit können Sie dann die Frage »Was braucht es, damit die Freude wieder mehr zu mir kommt?« leise in Richtung Körpermitte fragen und dabei verweilen. Möglicherweise werden Sie als erste Antwort vage fühlen: »Dieser Satz ist irgendwie zu lang.« Sie können sich die Frage von innen her korrigieren lassen: »Wie heißt die stimmige Frage für mich?« So könnten Sie den Dialog mit Ihrem »Inneren« aufnehmen; und wieder warten, verweilen. Möglicherweise könnte von innen ein neuer Satz auftauchen: »Freude, was brauchst du?« (Natürlich entsteht bei Ihnen Ihre persönliche Antwort). Diese neue Frage, »Freude, was brauchst du?«, fragen Sie (freundlich und neugierig im Tonfall) in Ihren Brust- und Bauchraum: »Freude – was brauchst du?« Und dann: einfach … warten. Machen Sie sich innerlich bereit, wohlwollend anzunehmen, was immer in Ihnen auftauchen könnte. Vielleicht bekommen Sie dabei eine kleine Ahnung, eine Idee, ein inneres Bild. Was auch immer entsteht, fragen Sie damit in Ihren von innen gefühlten Körper zurück: »Ist es genau so?«, »Ist da noch etwas anderes?«

Verbringen Sie Zeit mit sich und hören Sie sich selbst zu, bleiben Sie einfach bei sich. Wenn Sie das tun, so können

Sie mit einer gewissen unterminierenden Wirkung rechnen. Denn dieser innere Prozess tritt im Wesentlichen ein für ein Leben ohne Konventionen und für die Rückkehr zum Stimmigen und Prozesshaften Ihrer Person. Das kann tief greifende Auswirkungen auf Ihr Leben und auf die Menschen in Ihrem (auch beruflichen) Umfeld haben.

Sie werden im Laufe dieses inneren Prozesses immer mehr Ihre eigenen Bedürfnisse entdecken, Ihr Gespür für das Stimmige und Echte in Ihrem Leben immer weiter schärfen. Sie werden sich selbst mehr und mehr verstehen und liebevoller annehmen, möglicherweise werden Sie auf dem Weg zu einem freudigen Lebensgrund für andere etwas unbequem. Aber die Orientierung hin zur Freude ist nicht unbedingt gleichbedeutend mit Vergnügen. Spätestens jetzt sollten Sie es sich noch einmal genau überlegen, ob Sie Alles-das-mit-der-Freude wirklich wollen!

Denn Begegnungen mit der Freude erweitern und vertiefen Lebenserfahrungen, was aber für Sie dabei herauskommt, lässt sich nicht vorhersagen. Sie könnten einfach mal was ganz anderes, etwas für Sie Untypisches tun und ausprobieren. Dazu fragen sie sich: »Wer oder was in meiner Umgebung macht gute Laune?« »Welcher Mensch würde mir guttun?« Bleiben Sie frei, prüfen Sie alles und leben Sie Ihr eigenes Leben – ein anderes haben Sie nicht.

Zwei Arten der Freude führen dahin, zum einen die *Mitfreude.* In sich – in der Herzgegend – haben Sie die wunderbare Möglichkeit, sich im Glück anderer Menschen mit zu freuen (wofür Ihr Körper Ihnen übrigens denselben Hormoncocktail zur Verfügung stellt). In der Mitfreude suchen Sie nach dem, was den anderen freut, was ihn oder sie groß, stark und wertvoll macht. Freude und Mitfreude setzen Kraft und Energie frei. Geteilte – verbundene – Freude ist doppelte Freude. Vielleicht liegt darin die geheimnisvolle Anziehungskraft der großen Fußballveranstaltungen. Wahrscheinlich haben Sie es schon erlebt, wie ein Mensch, der Sie lieb hat, vielleicht auch ein Fremder, sich vollkommen uneigennützig mit Ihnen gefreut hat. Der Philosoph Gregory Bateson soll in einer finanziell recht armseligen Lebensphase gesagt haben: »Die Erdbeeren schmecken mir besser im Mund meiner Kinder, als wenn ich sie selber essen würde.«

Die Mitfreude über das Glück anderer wird Ihr Selbstwertgefühl stärken, Sie großzügiger werden und mehr Vertrauen ins Leben fassen lassen, in Gott. Während Sie in Mitfreude mitschwingen, wird sich Ihr eigenes Herz öffnen.

Es gibt aber auch noch die *Schadenfreude.* Keine spirituelle Tradition lehrt den Weg der Schadenfreude – dennoch: Wenn Sie nicht versauern wollen, sollten Sie sich eine gesunde Portion davon bewahren. Natürlich stimmt es, wir machen uns beim Mitmenschen immer auch über die eigenen Mängel, die eigenen ungeliebten und verdrängten Seiten lustig. Wir entwickeln Freude über das, was uns selbst besonders peinlich ist. Auch entlarven wir unser Wertesystem, indem wir lachend andere Menschen und Kulturen komisch finden. Freuen Sie sich ruhig an den Witzen, die Sie witzig finden, und erfreuen Sie sich an der Komik Ihrer Mitmenschen. Schadenfreude ist wohl der bedeutsamste Rohstoff für Humor.

Falls Sie ich übrigens immer wieder mal an das Thema Freude erinnern wollen, können Sie sich dazu zum Beispiel über die Badewanne einen Erinnerungssatz sprayen. Finden Sie im Augenblick keinen besseren, so können Sie den nehmen, der an einer Autobahnauffahrt steht: *Do you enjoy what you do?*

Ein fröhlich Herz tut auch dem
Körper gut, den Leib dörrt aus
ein kummervoll Gemüt.
Die Bibel, Sprüche 17,22

4 Mit offenen Händen –

Freuen können sich alle, die Gutes zu tun haben

Auf kluge Art egoistisch sein

Dalai Lama

Auf einer fundamentalen Ebene sind Sie und die anderen gleich. Wenn Sie dann bedenken, dass Sie nur eine einzige Person sind im Vergleich zur unbegrenzten Zahl der anderen fühlenden Wesen, begreifen Sie, dass es völlig lächerlich wäre, das Wohlergehen der anderen entweder zu vernachlässigen oder sie sogar für das eigene Vergnügen zu benutzen. Es wäre sehr viel vernünftiger, sich ihrem Nutzen zu widmen.

Wenn Sie die Lage auf diese Weise betrachten, wird es sehr klar. Egal, wie wichtig Sie selbst sind, Sie sind nur eine einzige Person. Sie haben das gleiche Recht, glücklich zu sein, wie alle anderen auch, aber der Unterschied ist der, dass Sie nur eine Person sind und die anderen viele. Das Glück einer einzigen Person zu verlieren ist wichtig, aber nicht so wichtig, wie das Glück von vielen anderen Menschen zu verlieren. Von diesem Standpunkt aus können Sie Mitgefühl, Liebe und Respekt für andere kultivieren.

Alle Menschen gehören gewissermaßen zu einer einzigen Familie. Es ist notwendig, dass wir die Einheit der Menschheit annehmen und Interesse und Fürsorge für alle zeigen – nicht nur für *meine* Familie oder *mein* Land oder *meinen* Kontinent. Wir müssen Interesse und Fürsorge für jedes Lebewesen zeigen, nicht nur für die wenigen, die uns ähnlich sehen. Unterschiede in Religion, Weltanschauung, Rasse, Wirtschaftssystem, Sozialsystem oder Regierung sind zweitrangig.

Setzen Sie die anderen an die erste Stelle, danach kommen Sie. Dies funktioniert sogar von einem egoistischen Standpunkt aus. Lassen Sie mich erklären, wie das möglich ist. Sie streben nach Glück und möchten kein Leiden. Wenn Sie anderen Menschen Güte, Freundlichkeit, Liebe und Respekt zeigen, werden diese in ähnlicher Weise darauf antworten. Damit wird sich Ihr Glück vergrößern. Wenn Sie anderen Menschen Hass und Zorn entgegenbringen, werden diese ebenso reagieren, und Sie werden Ihr eigenes Glück verlieren. Daher sage ich, dass, wenn Sie egoistisch sind, Sie auf *kluge* Art egoistisch sein sollten. Gewöhnlicher Egoismus konzentriert sich nur auf die eigenen Bedürfnisse; wenn Sie aber auf kluge Art egoistisch sind, dann behandeln Sie andere genauso gut wie diejenigen, die Ihnen nahe stehen. Letzten Endes wird diese Strategie mehr Zufriedenheit und mehr Glück hervorbringen. Auch von einem egoistischen Standpunkt aus erzielen Sie so bessere Resultate, wenn sie andere respektieren, ihnen dienen und Ihre Ichbezogenheit vermeiden.

Wenn Sie sich um andere kümmern, wird Ihr eigenes Wohlergehen automatisch erfüllt. Betrachten Sie die Untugenden des Körpers und der Rede, welche die Ursachen für die Wiedergeburt in einer ungünstigen Situation darstellen. Jemand mit einer eingeengten Sichtweise vermeidet die Untugend des Tötens beispielsweise aus der Motivation heraus, kein schlechtes Karma anzuhäufen, welches im Geist einen Eindruck hinterlässt. Ein Mensch mit einer etwas weiteren Perspektive vermeidet Töten mit dem Gedanken, dass diese Untugend eine günstige Wiedergeburt verhindern würde in einem Leben, in dem die Übung zur Überwindung des ganzen Existenzkreislaufes fortgeführt werden könnte. Selbstlose Menschen jedoch betrachten das Leben anderer als genauso bedeutend wie ihr eigenes und vermeiden das Töten aus dem Wunsch heraus, das Leben anderer zu beschützen. Diese Wertschätzung anderer stellt einen großen Unterschied dar in der Kraft der Motivation, vom Töten Abstand zu nehmen. Diejenigen, deren

Motivation ichbezogen ist, könnten denken, dass sie, auch wenn sie eine solche schlechte Tat ausführten, ihre Schuld bekennen und ihr Karma »aufbessern« könnten, wohingegen jemand, der das Leben eines anderen Menschen hoch schätzt, sich um das Leiden des anderen Sorgen macht und weiß, dass es jenem Menschen nicht helfen würde, wenn er den Mord beichten würde. Das Gleiche trifft auf Diebstahl, Ehebruch, Lügen, entzweiende Rede, verletzende Worte und, wie ich glaube, sogar auf sinnloses Geschwätz zu.

Ein anderer Grund, warum Fürsorge für andere so wertvoll ist, besteht darin, dass sie unsere eigene Lage in einen größeren Zusammenhang stellt. Einmal war ich besonders traurig über die Lage in Tibet, aber dann habe ich mich daran erinnert, dass ich die Bodhisattva-Gelübde abgelegt habe und dass ich täglich über Shantivedas Gebet reflektierte:

Solange der Raum besteht
Und solange es Lebewesen gibt,
Solange möchte auch ich dableiben,
Um all ihr Leiden lindern zu helfen.

Sobald ich mich daran erinnert hatte, verschwand sofort das ganze Gefühl der Last, als ob schwere, drückende Kleidung von mir abgenommen worden wäre. Die Verpflichtung zu Nächstenliebe und Uneigennützigkeit mindert einige Ursachen für Niedergeschlagenheit, indem sie diese Ursachen in einen größeren Zusammenhang stellt. Solche Ursachen für Niedergeschlagenheit sollten uns nicht entmutigen. Die meisten eigenen Schwierigkeiten, Sorgen und Trauer in diesem Leben entstammen der Selbstsucht. Wie oben erwähnt, ist es nicht schlecht, auf kluge Art egoistisch zu sein, aber kurzsichtige Eigennützigkeit, die sich nur an sofortiger Befriedigung orientiert, ist kontraproduktiv. Eine eingeengte Perspektive macht selbst ein kleines Problem unerträglich. Indem wir Interesse an allen fühlenden Wesen haben, weitet sich unser Blickfeld, und wir werden realistischer. Auf diese Weise hilft eine uneigennützige Einstellung dabei, unseren eigenen Schmerz schon jetzt zu lindern.

Es ist mein aufrichtiger Wunsch, dass Sie sich in Liebe und Mitgefühl üben, ob Sie nun an eine Religion glauben oder nicht. Indem Sie sich darin üben, werden Sie den Wert von Mitgefühl, Güte und Freundlichkeit für den Frieden in Ihrem eigenen Herzen erkennen. Auch wenn Sie vielleicht nicht um andere besorgt sind, sorgen Sie sich schließlich doch sicher um sich selbst – daran besteht kein Zweifel. Und so liegt es in Ihrem eigenen Interesse, ein friedvolles Herz und ein glücklicheres tägliches Leben zu erreichen. Wenn Sie sich in mehr Güte, Freundlichkeit und Toleranz üben, werden Sie mehr Frieden finden. Es ist nicht nötig, sich neue Möbel für Ihr Haus zu kaufen oder in eine neue Wohnung zu ziehen. Ihr Nachbar mag sehr laut oder schwierig sein, aber solange Ihr eigener Geist und Ihr Herz ruhig und friedlich sind, werden Nachbarn Sie nicht sonderlich stören. Wenn Sie jedoch allgemein leicht reizbar sind, können Sie auch dann nicht richtig glücklich werden, wenn Ihre besten Freunde zu Besuch kommen. Wenn Sie ruhig und gelassen sind, kann noch nicht einmal Ihr Feind Sie stören.

Das ist der Grund, warum ich sage, dass es besser für Sie ist, auf kluge Art und Weise egoistisch zu sein, wenn Sie wirklich egoistisch sein wollen. Denn so können Sie Ihr Streben nach eigenem Glück erfüllen. Das ist viel besser, als wenn man egozentrisch oder auf dumme Weise egoistisch ist, womit man keinen Erfolg haben wird.

Aktivitäten

Henning Scherf

Die Tage, an denen ich in der Grundschule Buntentorsteinweg vorlese, füllen mein Herz. Ich bin vernarrt in diese Kinder, ich freue mich auf jede Lesestunde. Und mein Eindruck ist, dass es auch für die Kleinen reizvoll ist, ein fremdes Gesicht zu sehen und mit jemandem reden zu können, der ihr Großvater sein könnte. Diese Sechs- bis Zehnjährigen hören wunderbar zu, sind richtig gebannt und verfolgen auch komplizierte Texte. Wann liest ihnen zu Hause schon mal jemand vor? Kinder, die zu 70 Prozent nicht Deutsch als Muttersprache haben. Kinder, die zum Teil aus schwierigen Verhältnissen kommen, die zu Hause Elend und Not erleben. Es ist anrührend, mit diesen Kindern zusammen zu sein. Die anderen Lesebotschafter an dieser Schule empfinden das auch so. Wir sind wichtig für sie, und sie sind wichtig für uns.

Seit meiner Pensionierung passiert es mir jeden Tag, dass jemand zu mir sagt: Sie haben doch jetzt ganz viel Zeit, wie gehen Sie eigentlich damit um? Diese Leute sind dann ganz überrascht, wenn ich Ihnen sage, dass es ganz anders ist. Ich will gar nicht ganz viel Zeit haben. Ich will nicht herumsitzen, sondern etwas tun und bewirken, und freue mich, wenn mir das gelingt. Und ich freue mich besonders, dass es von mir abhängt, ob ich etwas mache oder nicht. Erst jetzt als Rentner kann ich selbstbestimmt leben. Insofern empfinde ich das Alter tatsächlich als späte Freiheit. Ich muss nicht mehr arbeiten, weil ich sonst verarme. Sondern ich engagiere mich, weil es mir Freude macht, mir Lebenssinn und soziale Kontakte verschafft und weil ich positive Rückmeldung von anderen Menschen erhalte.

Engagement für andere und für mich selbst, das ist jetzt mein Leben. So lange es geht, werde ich mich einmischen. Und ich glaube, dass man die Kompetenz, sich gesund und wach zu halten für neue Herausforderungen, trainieren kann. Wer sich in die Ecke setzt, verliert seine Kraft, wird alt. Wenn ich aufzähle, was ich alles mache, dann heißt es immer: Das ist ja furchtbar, das schafft doch keiner. Doch, ich schaffe das. Ich habe viel Energie, und andere in meinem Alter haben diese Energie auch. Was in den Medien nicht vermittelt wird: Ehrenamtliche Arbeit spielt eine große Rolle im Alter. Alte Menschen sind mitnichten nur passiv und Hilfeempfänger. Wir sind nicht nur eine Last. Das Engagement der Älteren ist in den letzten Jahren sogar stark gestiegen, sie sind heute nach den Jungen die aktivsten Träger der Zivilgesellschaft. Bei den 60- bis 69-Jährigen liegt die Quote der sozial Engagierten bei 37 Prozent.

Wir leben zwar in einer Dienstleistungsgesellschaft, doch viele der Dienstleistungen, die dringend gebraucht werden, sind als offizielle und bezahlte Arbeit nicht zu haben. An dieser Stelle kommen wir Alten ins Spiel. Wir können mit dafür Sorge tragen, dass uns das Leben in einer Dienstleistungsgesellschaft gelingt. Wir leisten unentgeltliche Arbeit für diese Gesellschaft – weil sie uns Freude macht. Heute gibt es Menschen, die krank werden, weil sie überarbeitet sind, und es gibt Menschen, die krank werden, weil sie arbeitslos sind. Hier kann soziales Engagement vermitteln – die einen entlasten und die anderen stärken. Dass die Kompetenz der Alten sehr wohl gebraucht wird, zeigt das zunehmende Engagement von Senior-Experten. Der Senior-Experten-Service, eine der Organisationen, die solche Fachleute vermitteln, hat bundesweit 7000 Mitglieder aus allen Berufen, darunter ehemalige Bauingenieure, Manager, Chemiker und Handwerker. Diese erfahrenen Leute beraten unentgeltlich kleine und mittlere Firmen – vor allem im Ausland, aber auch zunehmend in Deutschland. Ich kenne ehemalige Vorstandsmitglieder großer Firmen, die nach ihrer Pensionierung für drei bis fünf Jahre ins Ausland gegangen sind, um dort ihr Wissen und ihre Kontakte zur Verfügung zu stellen. Diese alten Wirtschaftsleute haben den Menschen vor Ort beigebracht, wie man am Markt kalkuliert, wie man seine Kostenstruktur analysiert und dass man keine Preise anbietet, die man nicht halten kann. So ein älterer Berater ist auch für den, der etwas lernen soll, angenehm: Er ist keine Konkurrenz, hier muss sich niemand mehr etwas beweisen. Bislang waren Entwicklungshelfer eher junge, vitale Leute, die noch einmal ein Abenteuer erleben wollten, bevor sie eine Familie gründeten und sich niederließen. Alte, gestandene Geschäftsleute, die Karriere gemacht haben, haben ein Abenteuer nicht mehr nötig. Der Mandant steht bei der Beratung im Mittelpunkt und nicht der Berater. Dies ist Entwicklungshilfe im besten Sinne.

[...]

Sicher, der Senior-Experten-Service leistet soziales Engagement, das sehr viel Know-how verlangt. Aber auch wer kein Experte ist, kann sich engagieren. Unzählige Menschen tun es schon jetzt.

Zu den beeindruckendsten Beispielen zählt für mich die Arbeit von Gisela Kolaschnik. Diese vitale Frau hat ihre vier Kinder allein und mit Sozialhilfe aufgezogen, nachdem ihr Mann sie verlassen hatte. Alle Kinder haben studiert – allein das ist schon eine große Leistung. Doch Gisela Kolaschnik hat in ihrem Leben noch mehr gestemmt. Sie hat den Alleinerziehenden-Verband in Bremen gegründet und sich mit anderen Frauen verbündet, die ein ähnliches Schicksal hatten. Und als die Kinder aus dem Haus waren, hat sie noch eine Ausbildung zur Behindertenpflegerin gemacht. Inzwischen ist sie in Rente und begleitet immer noch Behinderte in die Stadt oder trifft sich mit alten, einsamen Frauen, erzählt in Altentagesstätten von ihrer Arbeit oder organisiert Feste. Sie ist Anfang siebzig, ihre Kinder leben nicht vor Ort, und ich habe das Gefühl, wenn sie ihre sozialen Aufgaben nicht hätte, hätte sie keinen Grund mehr, vor die Tür zu gehen. Aber so weiß sie, dass sie hoch geschätzt und geliebt und gebraucht wird. [...]

Ehrenamtliche Arbeit ist oft nicht leicht. Gerade am Anfang ist es ein Suchprozess, bei dem sich Engagierter und Engagement finden müssen. Wenn es aber gut geht – und es geht erstaunlich oft gut –, dann hat man als älterer Mensch einen Grund, aus dem Haus zu gehen, und die Initiativen, meist unterbesetzt, haben jemanden, der ihnen verlässlich hilft.

Da gibt es zum Beispiel die Obdachlosenhilfe der St.-Stephani-Gemeinde, meiner Kirchengemeinde. St. Stephani ist eine Riesenkirche, 850 Jahre alt, aber die Gemeinde schrumpft, weil in der Innenstadt heute nur wenige Familien wohnen. Und ausgerechnet diese kleine, überalterte Gemeinde hat sich vorgenommen, an den Wochenenden, wenn alle professionellen Sozialeinrichtungen geschlossen haben, den Obdachlosen ein offenes Haus zu bieten. Diese Obdachlosenhilfe wird überwiegend von älteren Leuten organisiert. Sie sammeln die Spenden und setzen sich zu den Obdachlosen mit an die schön gedeckte Kaffeetafel und sprechen mit ihnen. An manchen Tagen kommen bis zu zweihundert Obdachlose. In der Regel gibt es zuerst etwas zu essen und zu trinken – etwa Kuchen vom Vortag, den die Bäckereien spenden –, und dann werden Brettspiele ausgepackt. Da sitzen dann die Alten und die Obdachlosen zusammen und spielen Schach oder Mensch-ärgere-dich-nicht. Oft ergeben sich Gespräche, bei denen die Obdachlosen mal ihre ganze Not loswerden können. Und wenn es gut läuft, organisieren die Helfer einen Arzt- oder Krankenhausbesuch oder begleiten einen Hilfebedürftigen zum Jakobushaus, der professionellen

Bremer Obdachlosenhilfe. Das sind keine netten, fröhlichen Nachmittage, dieses Engagement ist Schwerstarbeit, und zum Glück wird die St.-Stephani-Obdachlosenhilfe von einer gut gemischten Gruppe getragen. Hier arbeiten ältere Lehrerinnen, ehemalige Beamte und Hausfrauen. Das schweißt zusammen und mobilisiert so, dass Zeit und Geld für die Obdachlosenhilfe da ist, regelmäßig, verlässlich und durch keine (sowieso nicht bezahlbare) professionelle Arbeit ersetzbar. Zu solch einer Arbeit muss man einen Draht haben, man muss robust sein – die Obdachlosen benehmen sich nicht immer gut, manche sind betrunken, andere haben Drogen genommen. Je nach Tagesform kann man dort als Helfer in der Küche den Abwasch übernehmen oder sich zu einem Rabaukengrüppchen setzen und dafür sorgen, dass auch die sich beruhigen.

… Natürlich gehört zu dieser Form von Arbeit eine gehörige Portion Mut und auch eine soziale Kompetenz, die nicht jeder hat.

Alles, was dein Herz begehrt

Anthony de Mello

Eine Frau träumte, sie beträte einen ganz neuen Laden am Markt, und zu ihrem Erstaunen stand Gott hinter dem Ladentisch.

»Was verkaufst du hier?«, fragte sie.

»Alles, was dein Herz begehrt«, sagte Gott.

Die Frau wagte kaum zu glauben, was sie hörte, beschloss aber das Beste zu verlangen, was ein Mensch sich nur wünschen konnte. »Ich möchte Frieden für meine Seele und Liebe und Glück, und weise möchte ich sein und nie mehr Angst haben«, sagte sie. Nach kurzem Nachdenken fügte sie hinzu: »Nicht nur für mich allein, sondern für alle Menschen auf der Erde.«

Gott lächelte: »Ich glaube, du hast mich falsch verstanden, meine Liebe«, sagte er, »wir verkaufen hier keine Früchte, nur die Samen.«

Die Angst loslassen und springen

Ruth Pfau

Immer wieder werde ich gefragt, weshalb ich angesichts der tatsächlichen Probleme, der alltäglichen und allnächtlichen Wirklichkeit in Pakistan, den Mut, die Kraft und den Schwung für unsere notwendige Arbeit nicht verliere. Ich kann darauf keine einfache und schon gar keine systematische Antwort geben. Höchstens ein paar Gesichtspunkte nennen, die uns leiten.

Gegen Blutegel kann man etwas tun. Wenig aber gegen Menschen, die zum Beispiel Naturkatastrophen verursachen. Es sind immer wieder Menschen, durch die wir immer wieder eine harte Grenze erfahren und die nicht selten ein tiefes und nachhaltiges Gefühl der Ohnmacht und in ihrer Folge Depression oder Resignation erzeugen. Resignation darf aber nicht das letzte Wort haben. Vor vielen Jahren sah ich einmal in Deutschland den schönsten Aufkleber, der mir je unter die Augen gekommen ist: »Was kann ein Einzelner denn tun? – Sagen zehntausend Menschen.« Das ist ein Satz mit Humor, und er soll als solcher gelesen werden. Es ist auch ein Satz, der Energie freisetzen kann. Und wir brauchen Menschen, die aufstehen und losgehen. Die ihre Angst loslassen und springen. Wenn zehntausend Einzelne das tun – welche Kraft wird dann entfesselt!

Trotz und Treue

»Weitermachen ist unsinnig, Aufhören ist noch unsinniger, also machen wir weiter!« Ganz nüchtern habe ich mir immer wieder diesen Satz gesagt. Darin steckt von Anfang an eine Menge Trotz und die Haltung des »Dennoch«. Man kann es auch als Treue bezeichnen. Aufgeben gefällt mir einfach nicht. So bin ich eben gemacht.

Wir brauchen den Anfängergeist als durchlaufende Lebens-, Denk- und Handlungsperspektive. Weiter als mit dem immer wieder erneuerten Anfang kommen wir auch gar nicht. Das ganze Leben ist eine Folge von Anfängen, von immer wieder neuen Anfängen und Anfängen und Anfängen. Selbst in einem Zeitraum von achtzig oder neunzig Jahren eines Lebens hat man nur einen winzigen Prozentsatz seiner Selbstverwirklichung in Angriff nehmen können – wenn man es überhaupt gewollt und gemacht hat.

Aber schon der geringe Prozentsatz ist wichtig. Auch das sage ich aus einer Haltung des »Trotzdem«. Niemals könnte ich sagen: Es kommt nichts heraus! Also sage ich: Es kommt etwas dabei heraus! Es lohnt sich, sich anzustrengen! Es lohnt sich nicht, sitzen zu bleiben. Und wenn man sich einmal in Bewegung gesetzt hat, dann muss man auch dranbleiben. Dort wo man sich hinbegeben hat, muss man auch gegenwärtig bleiben.

Unser Gott ist ein Gott der Gegenwart. Nicht nur des Heute, das dauert schon wieder zu lange. Unser Gott ist ein Gott des Jetzt. Ein Gott des Augenblicks. *Jetzt* ist die Zeit. *Jetzt* ist die Stunde! Keine Vertröstung auf die Zukunft! Jetzt! Jetzt, in dem Bewusstsein, dass etwas kommt!

Bezogen auf meinen Partner, auf Gott, heißt dies: Ich hätte nie auf der Stufe der guten und angenehmen Freundschaft mit ihm stehenbleiben können. Das war ein guter Einstieg, der mir sehr geholfen und der mich lange getragen hat. Aber entscheidend war, dass ich mich habe weiterführen lassen. Auch dahin, wohin ich nicht sofort wollte.

Für Christen ist das immer wieder neue Anfangen wichtig, weil wir uns eben »auf dem Weg« begreifen. In der Anfangszeit wurde das langsam entstehende Christentum die »Religion des neuen Weges« genannt. Das ist konstitutiv für einen Christen.

Aber es genügt nicht. Anzufangen ist fast immer einfach. Dabeizubleiben ist schwierig. Treue ist wichtig. Am Ball zu blieben ist wichtig. Ich finde es selbstverständlich zu bleiben, auch wenn ich das, was ich angefangen habe, nicht vollenden kann. Das ist kein Widerspruch. Das Unmögliche verlangt Gott nicht.

Die Arbeit genießen

David Steindl-Rast

Diese Erde ist uns gegeben worden, damit wir mit ihr arbeiten. Wenn wir sie bebauen, erlangen wir ein tieferes Verständnis der göttlichen Wirklichkeit, die jeden Teil der Schöpfung erfüllt. Rilke sagt in einem seiner Gedichte an Gott: »Du wirst nur mit der Tat erfasst.« Das Wort »erfassen« beinhaltet sowohl, etwas in Händen zu halten, zu fassen, als auch mit der Hand in etwas hineinzugreifen, wie beispielsweise beim Formen von Ton. Nur auf diese Weise erfassen wir die göttliche Wirklichkeit.

Manche glauben, dass wir das Göttliche umso mehr erfassen, je weiter wir uns von der Materie entfernen. Der Schöpfungsgeist betont jedoch zu Recht, dass wir das Göttliche im Materiellen entdecken. [...]

Im Kloster ist es wichtig, die Arbeit als Herausforderung anzunehmen und nicht nur als eine Haushaltspflicht. Es ist nie dieselbe Aufgabe wie gestern: Heute ist ein neuer Tag, eine neue Herausforderung und eine neue Gelegenheit.

Im Kloster lernen wir, unsere Arbeit zu genießen, während wir sie tun – wir tun sie um ihrer selbst willen und nicht einfach, damit sie getan ist oder damit wir sie erledigt haben. Wir müssen lernen, unserer Neigung zu widerstehen, uns in die Dinge zu stürzen und unsere Beschäftigung im Eilzugstempo hinter uns zu bringen. Unsere Zivilisation lehrt uns: »Zeit ist Geld«; sie fasst Arbeit als ein notwendiges Übel auf, lediglich ein Mittel zum Zweck. Wir wollen sie hinter uns bringen. Wenn wir die Stunden zusammenzählen, die wir in unserem Leben damit verbracht haben, etwas hinter uns zu bringen, dann macht das wohl leicht die Hälfte unseres Lebens aus. Die mönchische Haltung aber besteht darin, gezielt etwas anzugehen und alles, was wir tun, in einem bedächtigen, gemessenen Tempo und mit voller Aufmerksamkeit zu vollbringen. So arbeiten Handswerksmeister, Weber, erfahrene Bauern und andere verständige Arbeiter. So können auch schwierige Aufgaben gemächlich, freudig und um ihrer selbst willen gelöst werden. Und somit werden sie zu Lebensspendern.

Wenn während der Prim am Morgen die Arbeit verteilt wird, heißt das zugleich, die Arbeit zu segnen als auch sie zuzuweisen. Wir bitten darum, dass Gott unsere Handlungen lenken möge. Wenn wir unsere Arbeit so tun, wird alles zu einem Gebet. Das ist keineswegs eine engstirnige, fromme Anschauung. Um mit Rilke zu sprechen: »Es gibt im Grunde nur Gebete.« Alles, was wir im Angesicht Gottes tun, ist Gebet. Auf diese Weise werden unsere Hände geheiligt und gesegnet. Sie können nichts schaffen, was nicht betet. »Ob einer malte oder mähte«, fährt der Dichter fort, »schon aus dem Ringen der Geräte entfaltete sich Frömmigkeit.«

Wird etwas richtig begonnen und unsere Handlungen mit unseren besten Absichten in Einklang gebracht, dann ist alles, was wir tun, Gebet. Die Prim ist jene Stunde des Tages, in der wir nicht darum beten, etwas hinter uns zu bringen, sondern darum, dass alles, was wir tun, zum Gebet werde.

Alle Experten für Zeitmanagement raten uns, damit zu beginnen, den Tag zu planen. Wenn wir tatsächlich innehalten und uns Zeit nehmen, vorauszudenken und gezielt vorzugehen, dann werden wir die Prioritäten deutlich erkennen und können uns mit Erfolg einsetzen. Die Prim ermöglicht uns, die Gelegenheit wahrzunehmen, im Voraus unser Gewissen zu erforschen und darüber nachzudenken, was wirklich wichtig ist. Wir setzen die Prioritäten, so, wie sie unseren innersten Gefühlen entsprechen. Wir können uns nochmals daran erinnern, was wir gestern

Abend zur Komplet aus der Tagesrückschau gelernt haben und was wir besser machen wollten.

Mönche geloben Gehorsam. Gehorsam im klösterlichen Rahmen heißt mehr, als zu tun, was einem befohlen wird; das wäre die Art Gehorsam, die ein Hund in der Dressurschule lernt. Wahrer Gehorsam ist vielmehr ein liebendes Hinhören, ein Hinhorchen auf Gottes Wort, das uns jeden Augenblick erreicht, ein Lauschen auf die Botschaft des Engels, der Stunde um Stunde zu uns spricht.

Im Wort »Gehorsam« selbst steckt die Bedeutung des intensiven Hörens. Das Gegenteil dieses Gehorsams ist Absurdität, vom lateinischen *surdus,* taub. Wer nicht gehorcht, nicht hinhorcht auf die gegebene Situation, ist den Herausforderungen und der Bedeutung des Lebens gegenüber taub. Wir haben die Wahl zwischen liebevollem Zuhören oder einem Leben, in dem wir alles absurd, widersinnig finden. Diese Absurdität ist nicht außerhalb von uns, sie ist in uns. Wir sind nur taub, wenn wir nicht gehorsame Zuhörer sind. Wenn wir uns also das nächste Mal bei der Bemerkung ertappen: »Das ist absurd«, so könnten wir uns die hilfreichere Frage stellen: »Wem oder was gegenüber bin ich hier taub?«

Ungehorsam ist weniger ein Unterlassen dessen, was wir nach besserem Wissen tun sollten, als vielmehr, nicht einmal auf das zu hören, was die Situation erfordert und wozu sie uns aufruft. Ein sturer Gehorsam kann ein Nichthinhören sein. Einfach nur die Regeln einzuhalten verdient nicht, wahrer Gehorsam genannt zu werden. Alles, was geschieht, jede Situation, in der wir uns befinden, ob sie uns nun gefällt oder nicht, will uns etwas sagen. Wenn wir richtig darauf antworten, wird es lebensbejahend und lebensspendend für uns und andere sein. Solche Augenblicke sind entscheidend für unseren Charakter. Genau da findet eigentliche Moral statt. In jedem Augenblick haben wir die Wahl, aus ganzem Herzen und echt zu antworten oder uns zu drücken und unser wahres Selbst zu verraten.

Es ist sehr schmerzhaft, mitanzusehen, wie auch kleine Unaufrichtigkeiten nach und nach unsere Seele vergiften. So gibt es Menschen, die in ihrem Leben keine großen Fehler begangen haben, vielleicht war da nur die eine oder andere kleine Lüge, in die sie sich mehr und mehr verstrickten, bis sich ihr Leben in einem schrecklichen Durcheinander befand, das genauso schlimm war, wie wenn sie eine furchtbare Untat begangen hätten. Unsere kleinen Verfehlungen – die kleinen Augenblicke, in denen wir unseren Launen oder trägen Gewohnheiten nachgeben – sammeln sich an und können mehr Schaden anrichten, als wir denken. Es geht hier nicht nur um eine Frage der Moral, unsere eigentliche Lebensfreude hängt davon ab. Wenn wir mit dem Augenblick nachlässig umgehen, hastig, unbehutsam, unbedacht in Wort und Tat, dann wird daraus ein vergeudetes Leben.

Und dennoch, ganz egal, in was wir uns hineinmanövriert haben, genau der jetzige Augenblick kann der Beginn eines neuen Lebens sein. Gott hat uns vergeben, bevor wir überhaupt je Fehler begingen. Wir brauchen nur diese Vergebung anzunehmen und uns selbst zu vergeben, um einen völlig neuen Anfang zu machen. Deshalb ist es von entscheidender Bedeutung für die Qualität unseres Lebens, dass wir jeden Arbeitstag mit bewusster Klarheit und in der besten Absicht beginnen.

Ich werfe meine Freunde wie Vögel an den Himmel.
Ein neuer Tag, der glitzert und knistert,
knallt und jubiliert von deiner Liebe.
Jeden Tag machst du.
Halleluja!

Aus Westafrika

Nur für heute

Johannes XXIII

Nur für heute werde ich mich bemühen, den Tag zu erleben, ohne das Problem meines Lebens auf einmal lösen zu wollen.

Nur für heute werde ich die größte Sorge für mein Auftreten pflegen: vornehm in meinem Verhalten; ich werde niemanden kritisieren, ja ich werde nicht danach streben, die anderen zu verbessern, nur mich selbst.

Nur für heute werde ich in der Gewissheit glücklich sein, dass ich für das Glück geschaffen bin, nicht nur für die andere, sondern auch für diese Welt.

Nur für heute werde ich mich an die Umstände anpassen, ohne zu verlangen, dass die Umstände sich an meine Wünsche anpassen.

Nur für heute werde ich zehn Minuten meiner Zeit einer guten Lektüre widmen; wie die Nahrung für das Leben notwendig ist, so ist gute Lektüre notwendig für das Leben der Seele.

Nur für heute werde ich eine gute Tat vollbringen, und ich werde es niemandem erzählen.

Nur für heute werde ich etwas tun, das ich keine Lust habe zu tun; sollte ich mich in meinen Gedanken beleidigt fühlen, werde ich dafür sorgen, dass niemand es merkt.

Nur für heute werde ich ein genaues Programm aufstellen. Vielleicht halte ich mich nicht genau daran, aber ich werde es aufsetzen. Und ich werde mich vor zwei Übeln hüten: vor der Hetze und der Unentschlossenheit.

Nur für heute werde ich fest glauben – selbst wenn die Umstände das Gegenteil zeigen sollten –, dass die gütige

Vorsehung Gottes sich um mich kümmert, als gebe es sonst niemanden auf der Welt.

Nur für heute werde ich keine Angst haben. Ganz besonders werde ich keine Angst haben, mich an allem zu freuen, was schön ist, und an die Güte zu glauben.

Inspiration
ist jeden Tag arbeiten.
Charles Baudelaire

Nehmen Sie Liebe an

Andrea Länger

Liebe annehmen: Hört sich einfach an, ist es jedoch nicht immer. Liebe annehmen kommt uns manchmal egoistisch vor. Wir fühlen uns nicht gut genug, von anderen geliebt zu werden. Wir glauben, nicht genug zu leisten, um die Liebe zu verdienen. Wir denken, wir müssen uns so oder so verhalten, damit wir die Liebe unserer Mitmenschen bekommen. Dabei wünschen wir uns nichts sehnlicher. Oftmals ist es andersherum: Liebe anzunehmen ist ein Vertrauensbeweis. Wir vertrauen, indem wir uns mit unseren Unzulänglichkeiten und mit unseren Schwächen zeigen. Egal ob Sie erfolgreich oder gescheitert, gesund oder krank sind, lassen Sie sich lieben, lassen Sie sich helfen, lassen Sie sich unterstützen, lassen Sie sich umarmen. Nehmen Sie die Liebe an und genießen Sie die Nähe anderer Menschen. Ihre Angehörigen, Freundinnen und Freunde, Nachbarn und Kollegen freuen sich, wenn sie Sie unterstützen dürfen. Das verbindet Sie miteinander und schenkt Ihnen ein Gefühl von Geborgenheit in dieser Welt. Gerade das Gefühl, nicht alleingelassen zu sein mit all den Begleitumständen einer ernsten Krankheit, benötigen Sie jetzt unbedingt. Bedenken Sie, für Ihre Angehörigen ist es enorm wichtig, dass sie etwas für Sie tun können. Nur passiv neben dem Betroffenen zu sitzen und zuzuschauen ist für sie kaum auszuhalten und füttert ihre Ängste und Ohnmachtgefühle. Nehmen Sie Unterstützung und Liebe an. Fragen Sie nach Hilfe. Öffnen Sie sich für Liebestaten, damit die Liebe zwischen Ihnen fließt und sich so vermehrt. Sie haben die Liebe anderer verdient. Üben Sie täglich, Liebe anzunehmen.

Arbeiten heißt Sinn finden

Mark Vernon

»Lasst uns an die Arbeit gehen.«
Aus Quentin Tarantinos Film
»Reservoir Dogs – Wilde Hunde«

Warum arbeitet der Mensch? Die Antwort scheint auf der Hand zu liegen: fürs Geld. Auch wenn nur wenige Menschen umsonst arbeiten – und das dann meist nur, weil sie das Geld nicht allzu nötig haben –, kann das Gehalt aber doch nicht alles sein. Die Menschen verbringen einen Großteil ihres Lebens bei der Arbeit, und auch wenn sie eine wirtschaftliche Notwendigkeit ist, wirkt sie sich doch viel umfassender aus als nur auf das Bankkonto. Aus der Arbeit erwächst Bedeutung an sich, und diese Bedeutung ist ein erstrebenswertes Ziel.

Der Psychoanalytiker Slavoj Zizek führt eine Begründung dafür an. Es geht dabei ums Aufräumen, Hausarbeit könnte man es nennen. Er sagt, dass Arbeit erstaunlicherweise etwas Angenehmes ist, weil sie, wohl unbewusst, unser Bedürfnis befriedigt, die sich ständig ausbreitende Unordnung im Leben in Schach zu halten. Arbeit ist das Ich, das Über-Ich-ähnliche Ordnung ins triebhafte Chaos bringt, so wie die gleichmäßigen Furchen auf einem gepflügten Acker einem Stück wilder Landschaft Symmetrie verleihen. Die aufgeräumten Ordner im Aktenschrank ergeben einen Sinn, wo sonst nur verwirrende Informationsflut herrscht. Das meiste im Leben lässt sich nicht so leicht ordnen. Wo Ordnung also möglich ist innerhalb der begrenzten Tätigkeiten, die der Lebensunterhalt uns abverlangt, verleiht sie uns ein tiefes Gefühl der Zufriedenheit.

Ein zweiter Erklärungsansatz zur Bedeutung von Arbeit stammt von dem viktorianischen Essayisten Thomas Carlyle. Er sagte, dass Arbeit nicht bloß eine Frage des Lebensunterhalts, seines so genannten »Cash-Nexus«, sein sollte. Wie Karl Marx in seiner Theorie der Entfremdung später noch deutlicher ausführte, meinte auch Carlyle, dass Arbeit weniger erniedrigend sein sollte und dem Einzelnen vielmehr ein Gefühl von Identität und Bestimmung verleihen und ihm einen moralischen und gesellschaftlichen Rahmen bieten sollte. Arbeiten heißt Sinn finden:

> Gesegnet ist, wer seine Arbeit liebt. Er soll keinen weiteren Segen erbitten. Er hat eine Arbeit, einen Lebenssinn. Er hat ihn gefunden und wird ihm folgen! … Arbeit ist Leben: Aus dem tiefsten Herzen des Arbeiters entspringt seine gottgegebene Kraft, die heilige, überirdische Lebenskraft, die der allmächtige Gott ihm eingehaucht hat. Aus dem tiefsten Herzen erweckt sie ihn zu edler Gesinnung, zu voller Erkenntnis, »Selbsterkenntnis« und noch viel mehr, sobald die Arbeit trefflich beginnt.

Andere haben argumentiert, dass Arbeit das rechtfertigt, was man im Leben hat. Für die alten Griechen war produktive Arbeit – wie die Herstellung von Nahrungsmitteln, Gebäuden, Schuhen und Kleidern, oder auch die medizinische Versorgung – eine niedere Tätigkeit. »Die Bürger sollen keine Handwerker oder Händler sein, weil ein solches Leben unedel und ihrer Vortrefflichkeit abträglich ist«, schrieb Aristoteles in seiner *Politik.* »Sie sollen auch keine Bauern sein, weil ausreichend Zeit zur Muße nötig ist, um die Vortrefflichkeit zu entwickeln und politische Pflichten auszuüben.« Da hatte er sicher nicht Unrecht. Für wie viele Menschen endet jeder Bürotag in der völligen Erschöpfung? Wie viele vertrinken ihren

Lohn freitagabends, weil ihre Arbeit nichts als stumpfsinnige Plackerei ist? Ihre Arbeit hat wohl keine Bedeutung und dient im Grunde nur dazu, Unzufriedenheit und Langeweile zu lindern.

Die antiken Ideale eines aristokratischen Lebens voll gepflegter Muße verschwanden im 16. Jahrhundert. Reformer wie Luther glaubten, dass ein untätiger Leib allzu leicht dem Laster verfalle. Der Liedtext von Morrissey – »The devil will find work for idle hands to do« (deutsch sinngemäß: Müßiggang ist aller Laster Anfang), der ihn selbst zum Stehlen und Lügen veranlasste – ist ein beinahe wörtliches Zitat eines Sprichworts aus jener Zeit. Vollendet wurde der Wandel durch die protestantische Arbeitsethik, die aus der Arbeit eine allgemeine Tugend machte, weil sie den Menschen bessert und einen Beitrag für die Gesellschaft leistet. Die wirtschaftliche Bedeutung dessen wurde durch John Locke zur Formsache. Wie die Erde durch Arbeit in etwas Brauchbares verwandelt wird, so wird auch Wertloses durch Arbeit in etwas Wertvolles umgewandelt. Dieser Wert ist dann das Gut des Arbeiters: »Die Arbeit seines Körpers und das Werk seiner Hände, so können wir sagen, sind im eigentlichen Sinne sein.« Arbeit zu haben heißt, Status zu haben – daher rühren das soziale Stigma, das der Arbeitslosigkeit anhaftet, und das Prestige, das gut bezahlter Arbeit innewohnt.

Welche Bedeutung man der Arbeit auch immer beimisst, für viele ist es ein Problem, dass sie so viel von unserer Zeit in Anspruch nimmt. Die Menschen sind oftmals nicht nur ganz von ihr in Beschlag genommen, sondern werden unweigerlich bis in den Charakter hinein von ihr geformt: »Der Mensch ist ein Wesen, das von sich selbst Bilder macht und diesen Bildern dann immer ähnlicher wird«, schrieb Iris Murdoch. Der heilige Benedikt, Verfasser der berühmten Ordensregel, erkannte dies. Die Arbeit, die seine Mönche tagtäglich verrichteten, trug genauso zu ihrer spirituellen Entwicklung bei wie die religiösen Aspekte des Klosterlebens, etwa die Bibellektüre oder das Lesen des Stundengebets. Arbeit war nicht nur ein Erledigen von Aufgaben. Sie entschied darüber, zu welcher Art Mensch die Mönche wurden, ob gottgefällig oder verdrießlich (ein Wesenszug, mit dem Benedikt, wie es scheint, ganz besonders zu tun hatte). Benedikt zeigt auf, was man als gute Arbeit bezeichnen könnte: eine Arbeit, die den Menschen in Körper und Seele von Grund auf aufbaut. Interessanterweise spricht er das Thema vor allem in Zusammenhang mit dem Gehorsamsgelübde an. Was er ausdrücken möchte, ist, dass jeder Mensch etwas oder jemandem Folge leistet, und zwar nirgends mehr als bei der Arbeit. Die Frage ist, ob dieser Gehorsam befreit. Schlechte Arbeit, zum Beispiel in Ausbeuterbetrieben, ist entmenschlichend und versklavend – gute Arbeit formt den Menschen in positiver Weise.

»Wir wissen, dass wir auf diesem Weg des Gehorsams zu Gott gelangen«, schrieb Benedikt. Ins Weltliche übersetzt bedeutet das, dass wir den begrenzten Freiraum, den wir bei der Arbeit haben, so gut wie möglich nutzen sollten. Innerhalb des begrenzten Rahmens, mit dem wir konfrontiert sind, sollten wir unsere Tätigkeit – und wem wir Folge leisten – mit Bedacht wählen. Denn die Wahl entscheidet nicht nur über die Lohntüte, sondern auch über die Frage, in welchem Ausmaß die Arbeit unseren Charakter bildet und uns ein Gefühl von Sinn verleiht. Um einen weiteren Liedtext zu bemühen: Es ist nicht nur »Nice work if you can get it«, sondern gute Arbeit, die zählt.

Routine

Richard Goodman

Alles andere, was meinen Garten betraf, war gut und manchmal sogar aufregend, aber dies ist, was Gärtnern wirklich bedeutet: Das sanfte Geräusch, wenn die Schaufel sich in die Erde gräbt und die Erde lockert. Die warme Sonne auf meinen Schultern spüren. Die Erde unter meinen Knien. Die ungestörten Stunden genießen, in denen ich allein arbeitete. Ich brauchte nicht zu sprechen. Ich brauchte mir keine Gedanken über Politik oder etwas anderes zu machen; ich brauchte nichts. Ich bewegte mich langsam Reihe für Reihe, kümmerte mich intensiv um jede einzelne Pflanze, grub meine Schaufel in den Boden, hob den französischen Boden an. Meine Hände waren schmutzig, ich schwitzte und wischte mir die Tropfen, die mir von der Stirn über die Augen rannten. Arbeiten. Ich war hier aus einem einzigen einfachen Grund: um den Dingen beim Wachsen zu helfen.

Normalerweise ging ich zweimal am Tag zum Garten. Einmal am frühen Morgen, um zu jäten und zu harken und um alle anderen Arbeiten zu erledigen, die gemacht werden mussten. Und einmal abends, um die Pflanzen zu gießen. Ich brach morgens immer zwischen halb sieben und halb acht auf, gerade dann, wenn die Frauen im Dorf auf den Dorfplatz kamen und auf den ersten Lastwagen warteten, der ihnen Brot brachte. Meistens blieb ich ein paar Stunden. Ich fuhr, mit offenem Fenster, die kleine französische Straße hinunter, an den Dorfbewohnern vorbei, die auf ihrem Weg zur Arbeit in den Weinbergen waren. Die Morgenluft packte mich, machte mich richtig wach und ließ kleine Tränen in meinen Augen entstehen.

Jedes Mal, wenn ich in meinem Auto von St. Sébastien zu meinem Garten fuhr, war ich voller Eifer.

Ich hatte das perfekte Garten-Auto: der gebrauchte weiße Peugeot 104, den wir kurz nach unserer Ankunft gekauft hatten. Es war eine Mischung aus einem kleinen Kombi und jenen kleinen Käfer-ähnlichen winzigen Fiats. Es war ein wunderbares Auto, leicht und gefügig, und hatte einen großen Kofferraum, so dass ich alles einfach dort hinten hineinpacken konnte – von meinen Gartenwerkzeugen über Bambus bis hin zu den großen Tüten voller Kompost, die Nasim mir freundlicherweise überlassen hatte. Es war auf den Feldern unschlagbar – weil es überhaupt nicht schwer war, konnte man damit praktisch überall hinfahren. Der Peugeot war genauso unentbehrlich und hilfreich für meinen Garten wie meine Hacke oder Handschaufel oder mein Eimer. Man konnte sich auf ihn *verlassen.* Und mit seinen verschlissenen Sitzen und seiner von Rost zerfressenen Karosserie machte es mir nichts aus, wenn er innen oder außen schmutzig wurde. Ich baute eine enge Bindung zu dem Auto auf. Es fiel uns schwer, es zu verkaufen, als wir fortgingen. Ich fühlte mich, als ob ich einen Freund zurückließ.

Manchmal kam Iggy mit mir zum Garten, aber meistens nicht. Doch das war nichts, worüber wir stritten. Wir waren einer Meinung, dass dies *mein* Garten war; außerdem hatte sie selbst genügend eigene Dinge zu tun. Ich arbeitete sowieso viel lieber allein. Das war schon immer so. Das Gärtnern scheint mir eine Tätigkeit, der man eher allein nachgehen sollte. Wenn man zu zweit oder dritt in einem Garten arbeitet, fängt das Ganze an, zu einem Bauernhof zu werden. Aber wenn Iggy mit zum Garten kam, war das eine Art Luxus. Es war aufregend – und oft lenkte es mich sehr ab –, sie dort bei mir zu haben.

Den Garten morgens zum ersten Mal zu sehen war immer inspirierend. Die Anhöhe hinaufzusteigen und alle meine Pflanzen zu sehen, die in regelmäßigen Abständen gesetzt waren, und alle in ordentlichen, langen Reihen mit ausgetretenen Wegen dazwischen, comme il faut, wie es sich gehörte, war ein schöner Anblick. Ich trug meine Gartenwerkzeuge bis zum Rand des Gartens und legte sie dort ab. Ich nahm den süßen Duft der Morgenluft wahr; sie war leicht, kühl und lebhaft. Alles war atemberaubend klar zu dieser Tagszeit und so weit vom Dorf entfernt. Außer wenn jemand in den Weinfeldern in der Nähe arbeitete, hatte ich das Land ganz für mich. Selbst wenn dort jemand arbeitete – wenn ich einmal angefangen hatte zu arbeiten, vergaß ich alles um mich herum. Alles war still, außer einem gelegentlichen einsamen Vogel, der ein Lied sang, das so komplex war wie eine Melodie von Prokofjew.

Natürlich musste ich zunächst einmal meine Pflanzen insgesamt inspizieren. Ich ging jede Reihe entlang – es ist interessant, dass das Wort Routine von dem altfranzösischen Wort *route* abstammt, was »ausgetretener Pfad« bedeutet –, um zu sehen, welchen Fortschritt, wenn überhaupt, meine Pflanzen gemacht hatten. Und um zu überlegen, wie und wo ich meine Zeit an diesem Tag in diesem Garten verbringen würde. Sollte ich heute die Erde um die Stangenbohnen mit meiner kleinen Erdschaufel auflockern – eine lange, ermüdende Arbeit? Wenn Iggy mit mir kam, konnte ich ihr dieses Vergnügen überlassen, während ich die Tomatenpflanzen an den Bambusstäben etwas weiter oben befestigte, eine meiner Lieblingsarbeiten. Oder vielleicht würde ich das Unkraut um die Petersilie herum jäten – keineswegs einfach, denn das Unkraut mischte sich mit den Kräutern, und man lief immer Gefahr, die Petersilie zu beschädigen.

Einmal alle zwei Wochen, wenn Iggy mit mir zum Garten kam, arbeiteten wir den ganzen Vormittag im Garten oder wenigstens so lange, wie die Hitze uns dies erlaubte.

Iggy war alles, was ich als Gärtner nicht war: sicher, kenntnisreich, umsichtig, genau und geduldig. Wir arbeiteten schweigend nebeneinander, jeder von uns ganz in die Arbeit vertieft. Von Zeit zu Zeit schaute ich zu ihr hinüber und sah, wie sie sich aufrichtete, um den Schweiß von ihrem langen, nackten Nacken zu wischen und die kleinen Schweißperlen von ihrer Oberlippe. Sie atmete tief ein, bückte sich und machte weiter. Mein Gott, dachte ich.

Die Erde musste immer gelockert werden. »Il faut toujours gratter!« – »Du musst immer die Erde lockern und krümeln!« – dies war ein Ratschlag, den ich die ganze Zeit von allen Gärtnern in St. Sébastien de Ciasson hörte. Weil die Erde so lehmhaltig war, musste ich sie ständig bearbeiten, damit das Wasser einsickern konnte und an die Wurzeln gelangte. Hätte ich das nicht gemacht, dann hätte die Sonne den Grund so hart wie Beton gemacht. Bevor der Sommer unglaublich heiß wurde, bedeutete das Lockern des Bodens tatsächlich ein beruhigendes Vergnügen. Normalerweise war der Boden noch vom Wässern am Abend zuvor leicht feucht. Dies machte es relativ einfach, in die Erde einzudringen.

Ich hockte mich auf ein Knie, machte mir mit meiner Handschaufel zu schaffen, grub die Erde um und offenbarte dadurch ihre dunklere, feuchte Unterseite. Dann zerkrümelte ich die Erde langsam in meiner Hand, um den Boden zu lüften und die Pflanze dadurch besser atmen zu lassen. In diesem Sinne war ich dem Boden verwandt: Auch ich musste atmen können. Um die beste Wirkung zu erzielen, musste ich die Erde ganz dicht an den Pflanzen lockern, diese dabei ständig von einer Seite zur anderen bewegen und versuchen, sie nicht durch meine Bewegungen zu beschädigen. Ich war überrascht und erfreut, als ich feststellte, wie grob ich mit meinen Pflanzen umgehen konnte. Damit meinte ich, dass meine Pflanzen, wenn sie erst einmal im Boden verwurzelt waren und regelmäßig gepflegt wurden, zur Seite bewegt werden konnten, man konnte an ihnen zupfen und sie untersuchen, ohne sich ernsthaft Sorgen zu machen. Sie waren viel robuster, als ich gedacht hatte. In jenen Momenten dachte ich an Ford, den Gärtner meiner Großmutter, und an seine Sicherheit mit den Pflanzen.

Die einfachste Aufgabe konnte kleine Momente von Verzweiflung hervorrufen. Umpflanzen zum Beispiel. Ich erinnere mich daran, wie ich einmal drei eng nebeneinander stehende, aber prächtig gedeihende Gurkenpflanzen, von denen eine bereits blühte, aus der Erde nahm und ihre Wurzeln von der Erde trennte. Ich löste sie vorsichtig heraus und bemühte mich, so viele spinnwebartige Wurzeln unbeschädigt zu lassen wie möglich. Die Pflanzen fühlten sich kräftig in einer Hand an, und ich erinnere mich noch, dass ich überzeugt war, dass sie stark genug wären, um sie umzupflanzen. Ich grub drei neue Löcher. Ich steckte jedes Pflänzchen in den Boden, bedeckte die Wurzeln mit Erde, klopfte sie fest und begoss sie. An jenem Abend, als ich zurückkehrte, um den Garten zu wässern, waren die drei Pflanzen welk geworden, ihre Blätter neigten sich traurig zum Boden. Ich fühlte mich, als ob ich einen Mord begangen hätte.

Während ich den Boden bearbeitete, die Pflanzen, die ich selbst gesetzt hatte, pflegte und immer mehr eine Routine entwickelte, genoss ich es, meinen Gedanken freien Lauf zu lassen. Ich hing allen möglichen Tagträumen nach. Damals fiel es mir leicht, Fantasien oder Dramen zu entwickeln, einige darunter sehr detailliert. Vor meinem inneren Auge sah ich:

Einige Männer tauchten am Rande meines Gartens auf. Monsieur Céret, Monsieur Noyer und Marcel Lécot. Die besten Gärtner von St. Sébastien.

»Richard«, sagte Monsieur Céret, »wir wollten dir einen kleinen Besuch abstatten. Bist du sehr beschäftigt?« –

»Nein, ich arbeite nur. Ich freue mich immer, euch zu sehen. Was kann ich für euch alle tun?«

»Richard«, sagte Monsieur Noyer und trat einen Schritt nach vorne, »ich bin seit vielen, vielen Jahren Gärtner in St. Sébastien.« Er sagte dies mit einer ruhigen Stimme.

»Ja, das stimmt!«, bekräftigte Marcel lachend und legte eine Hand auf Monsieur Noyers Schulter. »Er ist der Älteste von uns!«

»Jedes Jahr habe ich einen Garten gehabt«, sagte Monsieur Noyer, »ohne Ausnahme.«

»Ich weiß«, sagte ich. »Das habe ich gehört. Sie reden alle von Ihnen.«

Er lächelte kurz. »Aber was ich dir sagen möchte, Richard« – er streckte eine Hand aus und zeigte auf mein Land –, »ist, dass dein Garten so wunderbar ist, dass auch ich auf ihn stolz wäre.«

Marcel lächelte, als er dies sagte. Monsieur Céret nickte. Ich drehte mich um und blickte auf meinen Garten. »Wirklich?«, hörte ich mich sagen. »*Wirklich?*«

Als ich mich nach den drei besten Gärtnern in St. Sébastien umdrehte, waren sie verschwunden. Ich bückte mich und arbeitete weiter.

Am Spätvormittag, als die Sonne zu stark war, um weiterzuarbeiten, war es an der Zeit zu gehen. Manchmal fiel es mir schwer, den Garten zu verlassen – besonders später im Sommer, als die Pflanzen richtig zu wachsen begannen. Dann blieb ich manchmal törichterweise in der Sonne und arbeitete weiter. Ein- oder zweimal wäre ich in der heißen Mittagssonne fast ohnmächtig geworden. Aber es war auch sehr befriedigend, am Rande des Gartens zu stehen und auf die gute Arbeit, die ich geleistet hatte, zurückzublicken, zu sehen, wie gepflegt der Boden um jene Pflanze herum aussah, den ich gejätet hatte, und wie schön die frisch umgegrabene Erde um eine Reihe von Pflanzen aussah. Sie waren *umsorgt* worden.

Ich nahm Eimer und Schaufel und was ich sonst noch dabei hatte und ging zum Auto zurück. Es war angenehm, nach einem Vormittag voller Arbeit nach St. Sébastien zurückzufahren, mit ein bisschen Muskelschmerzen in den Armen, mit einem von der Sonne gebräunten Gesicht, bei offenem Fenster. Ich war schmutzig. Ich war müde. Ich war verschwitzt. Ich war glücklich.

Wenn man Spaß an einer Sache hat, dann nimmt man sie auch ernst.
Gerhard Uhlenbruck

5 Klarheit, Licht und Weite – Freude ist ein großes Gefühl

Im Reigen der Welt

Hermann Hesse

Atmen in vollkommener Gegenwart,
Mitsingen im Chor der Sphären,
Mittanzen im Reigen der Welt,
Mitlachen im ewigen Lachen Gottes,
das ist unsre Teilhabe am Glück.
Viele haben es nur einmal,
viele nur wenige Male erlebt.
Aber der es erlebt hat, ist nicht nur
für einen Augenblick glücklich gewesen,
er hat auch etwas vom Glanz und Klang,
etwas vom Licht
der zeitlosen Freude mitgebracht.

Die güldne Sonne

Paul Gerhardt

Die güldne Sonne voll Freud und Wonne
bringt unsern Grenzen mit ihrem Glänzen
ein herzerquickendes, liebliches Licht.
Mein Haupt und Glieder, die lagen darnieder;
aber nun steh ich, bin munter und fröhlich,
schaue den Himmel mit meinem Gesicht.

Es ist unmöglich, dass ein
Mensch in die Sonne schaut,
ohne dass sein Angesicht hell
wird.
Friedrich von Bodelschwingh

Schön und wahr

Fulbert Steffensky

Weil es eine größere Hoffnung gibt als die jetzt schon erfüllbare, weil es größere Wünsche gibt als die jetzt schon realisierbaren, darum kann sich der Christ nicht völlig wiedererkennen in der Gestalt der Gesellschaft und der Kirche. »Macht euch nicht gleichförmig der Gestalt dieser Welt« (Römer 12,2). Es ist den Christen nicht möglich, zu Hause zu sein in den gültigen Denkfiguren, in den vorgeschriebenen Redeweisen, in den angebotenen Identitäten, in den erwarteten Weisen des Verhaltens. Diese Ungleichförmigkeit des Glaubens ist aber kein stilles und bei sich selbst bleibendes Ressentiment. Die Ungleichförmigkeit ist nicht der innere Vorbehalt einer kognitiven Minderheit. Keine »Welt« stört sich an inneren Vorbehalten.

Bei Jesus war diese Distanz nicht besserwissende Zurückhaltung und Isolierung, sondern Angriff, für jedermann erkennbare Brüche mit den geltenden Definitionen und mit den auferlegten Gesetzen. Die Ungleichförmigkeit Jesu war für jeden sichtbar. Damit wurde er selbst belangbar von dem Gesetz, gegen das er verstieß. Wenn die »Neuheit des Geistes« (Römer 12,2) nicht sichtbar und nicht belangbar wird, nicht anklagbar, wenn sie nicht gefährlich wird, dann kann es nicht die jesuanische sein. Eine Wahrheit, die nicht bezeugt wird, die nicht nach außen dringt und ihre Gestalt und ihren Angriff findet, ist eine tote Erkenntnis. Jede folgenlose Wahrheit ist keine Wahrheit und hat keine Schönheit.

Das Wort Schönheit klingt fremd in diesem Zusammenhang. Darf man eine ästhetische Kategorie zur Beschreibung des Ernstes Jesu benützen? Ich denke an die Szene bei Johannes mit der Ehebrecherin (Johannes 8,1–11), wo Jesus die Gesetze der allgemeinen Erwartungen brach. Um ihn ist der hoffnungslose Ernst derer versammelt, die das Gesetz kennen, es verwalten und anwenden. Sie haben eine Frau herbeigebracht, die die Ehe gebrochen hat. Die Gesetze sind bekannt, die Situation ist definiert. Zu folgen hat nur noch die Exekution: die Steinigung der Frau. »Was sagst nun du?«, wird er gefragt. Jesus spielt. Er malt mit dem Finger auf der Erde. Er spielt ein riskantes Spiel. Denn seine Gegner wollen ihn fangen in seiner Antwort, die den allgemeinen Antworten widerspricht. Jesus spielt weiter. Er argumentiert eigentlich nicht. Er ordnet mit leichter Hand die Szene neu: »Wer unter euch ohne Sünde ist, der werfe den ersten Stein auf sie!« Er drückt den Verfolgern dieser Frau die tödlichen Steine in die Hände, und er bindet diese Hände zugleich. Er wechselt die Beleuchtung. Das Licht fällt auf die Ankläger der Frau: Wer unter euch ohne Sünde ist, werfe den Stein!

Mag sich die Szene so abgespielt haben oder nicht! – die Menschen, die sie weitererzählt haben, und der, der sie aufgeschrieben hat, empfanden diese Inszenierung als die angemessene Darstellung für das, was Jesus meinte. Die Wahrheit Gottes kommt spielend.

Die Schönheit der Inszenierung entspricht der Schönheit Jesu und dem Charme von Menschen, die in Jesu Nachfolge ihre Freiheit nicht einfangen lassen in den Gesetzen der augenblicklichen Geltungen. Sie können spielerisch mit den Realitäten umgehen. Sie sind stolz und beugen sich nicht dem Bann des Augenblicks. Sie überwinden ihre Angst und spotten über die Mächte und Gewalten. Sie sind frei wie ein Vogel. Sie überwinden die Gesetze der Schwere und gewinnen neue Perspektiven. Vogelfrei werden sie allerdings auch in dem Sinne, dass man sie belangen wird für ihren Reichtum und ihre

Schönheit. Gott lässt seiner nicht spotten, steht in der Bibel. Noch weniger aber lassen die gravitätischen Geltungen ihrer spotten.

Charmante Frechheiten gegen die bannenden Gesetze der Gegenwart werden nicht nur von Jesus erzählt. Die Subversion hat ihre Tradition gefunden im Christentum, wenn es auch nicht gerade dies ist, was hauptsächlich in unseren Kirchen überliefert wird. Eine solche kleine Geschichte wird von der heiligen Scholastika erzählt. Sie – so sagt die Überlieferung – war die Schwester des heiligen Benedikt von Nursia, des Gründers des Benediktinerordens und des Abtes von Monte Cassino.

Einmal im Jahr, so heißt es in den Dialogen Gregors des Großen, verließ Benedikt sein Kloster, besuchte seine Schwester, aß und trank mit ihr und »sprach mit ihr über die Freuden des geistlichen Lebens«. Als regeltreuer Mönch achtete Benedikt darauf, bis zum Abend in seinem Kloster zurück zu sein. Der Tag war wieder einmal da, und Benedikt besuchte mit seinen Brüdern Scholastika. Sie lobten Gott und aßen und tranken miteinander.

Es war schon spät, und sie saßen immer noch bei Tisch. Da bat Scholastika ihren Bruder, die Nacht über bei ihr zu bleiben und sie nicht zu verlassen. Benedikt war außer sich über die Ordnungsverletzung, die ihm zugemutet wurde. In den Dialogen Gregors heißt es: »Was forderst du, meine Schwester! Unmöglich kann ich die Nacht außerhalb des Klosters verbringen!« Es war ein schöner Abend. Der Himmel war heiter. Scholastika war getroffen durch die Härte und Starre des Bruders. Sie legte ihren Kopf in die Hände und betete und weinte. Und als sie den Kopf hob, da blitzte und donnerte und goss es, sodass weder Benedikt noch seine Brüder einen Fuß vor die Tür setzen konnten. Der Wunsch und die Tränen der Schwester hatten den heiteren Himmel in stürmischen Regen verwandelt.

Als Benedikt den Blitz und den Regen sah und den Donner hörte und merkte, dass er nicht zum Kloster zurückkehren konnte, da war er ärgerlich und traurig zugleich und sagte zu seiner Schwester. »Gott sei dir gnädig, was hast du getan?« Die Schwester antwortete: »Ich habe dich gebeten, und du hast nicht gehört. Ich habe Gott gebeten, und er hat mich gehört. Jetzt verlass mich doch, wenn du kannst, und geh zurück in dein Kloster!« Benedikt konnte aber nicht aus dem Haus. Und Gregor endet: Was er freiwillig nicht tun wollte, das musste er nun gezwungenermaßen tun. Die alte römische Messliturgie hat diesem »Verlass mich doch, wenn du kannst!« eine kleine, freche, tänzerische Choralmelodie gegeben.

Dies ist keine große Geschichte. Sie hat keine Moral. Sie hat nichts als ihre eigene Schönheit. Sie ist ein kleines Stück frecher Poesie. Was ist das Leben in dieser Geschichte? Benedikt und Scholastika sind wie Legalität und Legitimität. Da ist der Mann, der Garant der Regel und der Ordnung. Er überwacht die Ordnung und legt sie aus. Vielleicht ist seine Ordnung nicht überflüssig. Auf jeden Fall ist sie in dieser Situation blind. Wer Ordnungen für die anderen auslegt, herrscht auch über sie. Benedikt ist nicht bösartig und herrschsüchtig. Aber er übt reale Herrschaft aus durch Auslegung der Ordnung für andere. Er erreicht den Geist nicht, er reicht in diesem Falle nicht bis an das Leben. Er will dem Leben dienen, er will Gott dienen mit der Anwendung des formalen Gesetzes. Herrschaft, Zwangsverhalten, Angst, Ordnung und Unfähigkeit zu leben gehen oft zusammen. Benedikt will das Leben verschieben auf das nächste Jahr, wenn er wieder zu seiner Schwester kommen wird. Dann will er wieder mit ihr essen und trinken. Dann will er wieder mit ihr »über die Freuden des geistlichen Lebens« reden. Nur nicht jetzt! Jetzt hat er Angst vor seiner Ordnung und unterwirft sich ihr – sich und seine Schwester. Aber – so erzählt die Geschichte weiter – dies ist das letzte Mal, dass er seine Schwester lebend sieht. Im Jahr darauf ist sie tot. Das Leben lässt sich nicht verschieben und aufsparen.

Man könnte größere und bedeutendere Geschichten aus der subversiven Nachfolge Christi erzählen. Aber diese ist schön wie ein kleines Unkraut im Garten Gottes. Und Schönheit braucht keine Rechtfertigung.

Die Seele nährt sich von dem,
woran sie sich freut.
Augustinus

Du zeigst mir den Pfad zum
Leben.
Vor deinem Angesicht herrscht
Freude in Fülle,
zu deiner Rechten Wonne für
alle Zeit.
Die Bibel, Psalm 16,11

Freude spüren

Dorothee Sölle

Solch eine Seele schwimmt im Meer der Liebe,
das ist im Meer des Entzückens,
das von der Gottheit herabströmt.
Sie fühlt keine Freude,
denn sie selbst ist Freude
und schwimmt und fließt in der Freude,
ohne sie zu empfinden.
Denn sie bewohnt die Freude,
und Freude bewohnt sie.
Marguerite Porète

Der innerste Ort mystischer Gewissheit lässt sich mit dem alltäglichen Wort »Freude« benennen, und ohne sie zu spüren, zu ahnen oder wenigstens zu vermissen, ist die Rede von der mystischen Nähe Gottes unmöglich. Auch das Glück macht unbescheiden und hungrig. Wer keine Musik kennt, der entbehrt nichts, wenn er sie nicht hat. Wer Musik kennt, der leidet, wenn sie ihm fehlt. Die Freude, der Jubel, die Ekstase, die ohne Grund, Anlass oder Zweck die Seelen »bewohnt«, verändert sie in verschiedenen Dimensionen. Die Trennungen und Rollenvorschriften der Gesellschaft werden durcheinandergewirbelt, das Verhältnis zum Selbstausdruck des Körpers und zur Leiblichkeit intensiviert sich, und Freude ist die Grundlage, auf der Mystik und Ästhetik in ein Verhältnis treten; beide beziehen sich auf die Schönheit.

aussichts reich

Traugott Schächtele

solange
die zukunft
nichts anderes ist
als noch ausstehende
gegenwart
haben wir
wenig zu hoffen

solange
die gegenwart
nichts anderes ist
als fortgeschriebene
vergangenheit
haben wir wenig
festen grund unter den füßen

solange
die vergangenheit
nichts anderes ist
als der erste schritt
in die gegenwart
ohne aussicht
auf besserung
haben wir nichts zu erwarten

solange du
uns aus der zukunft
entgegenkommst
wird alles
in ein
neues licht
getaucht
vorweggenommen
deine neue welt
ohne grenzen
schon heute
mitten am tag
leben
lässt du mich
als ob es
den tod nicht gäbe
nur dich

Klarheit, Licht und Weite – Die Bergphase

Margrit Irgang

Elf Jahre habe ich auf einem Hof hoch oben auf einem Berg gewohnt. Es war eine gute Zeit, sie hat mich viel gelehrt. Zuvor hatte ich in diversen Großstädten gelebt; nach einem Monat auf dem Berg begriff ich, dass ich in einer anderen Welt angekommen war.

Auf dem Berg war alles anders. Ich erfuhr etwas, das ich in der Großstadt nur in handzahmer Form kannte: »Wetter«. Wenn der Wind wehte, dann fielen Kannen und Eimer um, und gelegentlich krachte ein Dachziegel in den Hof. Die Gewitter hatten großes Format. Die Blitze zackten von allen Seiten gleichzeitig über den Himmel oder kamen als Kugeln angerollt, und fast immer schlugen sie in unsere Leitungen ein, die noch oberirdisch von Hof zu Hof verliefen. Einmal sprengte der Einschlag die Telefonbuchse samt Putz und Mörtel aus der Wand, und der Blitz vernichtete in den elf Jahren zwei Anrufbeantworter, ein Telefon und meine edle italienische Lampe. Die Winter waren noch echte Winter, mit Blizzards, die den Schnee waagerecht wie Bretter durch die Luft trieben, drei Meter hohen Schneewehen und eingeschneiten Autos, die nur mithilfe des Schneepflugs befreit werden konnten. Im Sommer gab es dafür das satteste Grün, das klarste Licht, die größten Schmetterlinge und Vögel, für die ich keine Namen hatte, weil ich sie noch nie gesehen hatte.

Jeder Pilger im pfadlosen Land kommt irgendwann auf einen Berg. Auf einmal lichtet sich der Nebel in seinem Geist, und eine große Klarheit und Weitsicht entsteht. Er sieht Zusammenhänge, die ihm vorher verborgen waren, versteht das Spiel von Ursache und Wirkung, fühlt sich frei und fähig, all das zu erledigen, zu initiieren oder zu erkennen, was ihm bisher nicht gelingen wollte. Diese geistige Klarheit ist die Frucht unserer Anstrengung (nur im Märchen wird jemand von einem Adler auf einen Berg getragen). Deshalb dürfen wir die Bergphase genießen und sollten sie nutzen, vielleicht für ein neues Projekt oder eine Entscheidung, die wir bislang hinausgeschoben haben. Wir drücken also unser Gipfelgefühl in einem konkreten Projekt aus, das seinerseits Bergcharakter haben wird, denn alles Mittelmäßige, Kleinliche und Ängstliche gehört zu den Mühen der Ebenen und ist uns jetzt fern. Sobald wir aber etwas Ungewöhnliches, Überraschendes in die Welt gesetzt haben, stellen wir fest, dass auf dem Berg andere klimatische Verhältnisse herrschen: Wir müssen unser Verhalten ändern.

Johannes hatte sich nach seiner Scheidung zwei Jahre lang mithilfe von Therapie und Meditation bemüht, seinem Leben eine neue Richtung zu geben. Vielleicht bemerkten nur wir, die ihn von außen sahen, die Veränderung in ihm. Er bemerkte sie erst, als ihm, scheinbar aus heiterem Himmel, die Leitung einer größeren NGO angeboten wurde. Er war so klug, anzunehmen. Nach einem Monat wäre er am liebsten in sein altes Leben zurückgekehrt: die Risikobereitschaft, das Verhandlungsgeschick, die Extrovertiertheit, die jetzt von ihm erwartet wurden, hatte er, obwohl dazu fähig, jahrelang nicht trainiert.

In unserer Bergphase neigen wir dazu, uns zu verlieben, schwanger zu werden, den Beruf zu wechseln, ein Buch zu schreiben oder wenigstens einen Hund anzuschaffen. Entscheidungen fallen jetzt leicht, erweisen sich zumeist als richtig und kommen, weil wir größere Zusammenhänge wahrnehmen, auch anderen Menschen zugute. Aber das Buchprojekt verlangt von uns eine Änderung unseres Tagesablaufs, der neue Partner und selbst der Hund als Hausgenosse erwarten Achtsamkeit für ihre Bedürfnisse.

Auch wenn das auf den ersten Blick nicht so aussieht, müssen wir gerade in der Bergphase unseres Lebens unsere Vorstellungen davon, wie die Dinge zu laufen haben, aufgeben.

Ich musste damals von meinem Berg alle zwei Wochen ins Rundfunkstudio in die Stadt fahren, um meine Texte aufzunehmen. Das ging gut bis Dezember. Eines Morgens, ich hatte das Studio für zehn Uhr gebucht, wachte ich auf, und draußen schneite es ununterbrochen. Die Straßen waren unpassierbar, kein Schneepflug war zu sehen. Ich lief ins Nachbarhaus zu meinen Vermietern. Sie saßen gerade gemütlich beim Frühstück. Ich erzählte ihnen, ich müsste unbedingt in einer Stunde ins Tal fahren. Unbedingt! Mein Vermieter sah mich an und sagte bedächtig: »Sie müssen warten, bis es sich beruhigt hat.«

So lernte ich auf dem Berg, mein Bedürfnis nach Kontrolle aufzugeben. Der Berg war stärker als ich. Das ist wichtig zu wissen, wenn wir uns auf einem Gipfel unserer geistigen Möglichkeiten befinden: Jede Form der Kontrolle wird unsere Klarheit und Weite verringern. Können wir uns dagegen anpassen an das, was geschieht, und notfalls warten, »bis es sich beruhigt hat«, werden wir das mitnehmen, was der Berg uns schenken kann: durchdringende Klarheit des Geistes, umfassenden Weitblick, das gelassene Über-den-Dingen-Stehen und die Fähigkeit, Stürmen und Gewittern standzuhalten.

Und die ganze Zeit weiß eine Instanz in uns, dass auch dieser Berg wieder verlassen werden muss. Wir sind Pilger, wir müssen weitergehen. Und vom äußersten Gipfel gibt es bekanntlich nur einen Weg. Den nach unten.

Frei werden

Anthony de Mello

Viele Erwachsene brauchen für die kleinste Kleinigkeit eine Erlaubnis – um ab und zu ihre Meinung zu sagen, oder um ein bisschen Spaß im Leben zu haben. Wie ein Kind bitten sie um Erlaubnis, wenn sie dafür kämpfen, selbst frei entscheiden, Anteil nehmen, sprechen und fühlen zu können.

Die enge Beeinflussung zu überwinden ist genauso schwierig wie die fünf Sinne zum ersten Mal zu gebrauchen. Du wirst dir seltsam vorkommen und dich alleine fühlen, wenn du auf sie vertraust, anstatt dem Drang zu folgen, eine Erlaubnis einzuholen. Doch die Freude, die du erfahren wirst, ist nicht zu beschreiben: Es ist wie eine Auferstehung zu neuem Leben.

Gotteserfahrung ist eine
Erfahrung der Helligkeit,
die über dem Dasein liegt.
Jörg Zink

Wie klingt mein Lebenslied?

Katharina Schridde

Dies geschieht, wenn zwei sich wirklich begegnen: Sie erkennen einander in einer Weise, die noch gar nicht sichtbar ist, jubeln und freuen sich an dem Geheimnis, das in die andere hineingelegt ist. Kein Neid, kein Vergleichen, keine noch so versteckte Häme oder leise züngelnder Spott. Nein, lauter Freude über die Berufung und die Größe der anderen, und dies mit ganzer Seele, ganzem Leib und allem Vermögen. Das ist Liebe.

Darum »hüpft auch das Kind« im Leib Elisabets, als sie der ebenfalls schwangeren Maria begegnet. Einmalig ist dieser dort schon bereitete Sohn, einmalig der, dem dieser Gruß gilt. In manchen alten Darstellungen wagen die Maler einen vorsichtigen und fast verspielten Blick in dieses innere Geheimnis: Mitten in den Kleiderfalten der Frauen werden da zwei ungeborene und nackte Kindlein abgebildet, Johannes verneigt sich leicht vor dem kleinen Jesus in Mariens Schoß. Natürlich ist das alles möglich, nachdem alles andere auch schon möglich war.

Die Geschichte, die mit der Schwangerschaft dieser beiden Frauen beginnt, ist unwiederholbar. Aber die Erfahrung, dass der eigene Leib mit Bewegung und innerer Freude und durchaus fühlbar auf die Gegenwart eines anderen Menschen, erst recht eines geliebten Menschen reagiert, ist vertraut. Und wohl der, die auf die Stimme ihres Leibes achtet.

Maria wird von Elisabet erkannt in ihrer zukünftigen Lebensgestalt – »Mutter meines Herrn« wird sie von ihr genannt. Was der Engel im Verborgenen geredet hat, wird hier zum ersten Mal laut ausgesprochen und so in die irdische Welt hineingesprochen: Elisabet ruft die neue Identität Marias aus und auf, befreit sie mit ihrer Stimme aus dem Schweigen und umkleidet sie mit bis dahin ganz unerhörten Worten: »Mutter meines Herrn« – das gab es noch nie. Wo hätte jemand gelesen, dass Gott einen Sohn hat, geschweige denn eine Mutter? Gott hat in der ganzen bis dahin gültigen Schrift keinen Sohn, von einem solchen exklusiven erstgeborenen Menschenkind war nie die Rede; wenn eine solche Verbindung gedacht wurde, war damit das ganze Volk Israel gemeint. Aber doch nicht ein einzelnes Menschenkind. Und es kann auch gar nicht sein, denn *Gott* ist *einer,* so sagt es das jüdische Glaubensbekenntnis und das wichtigste Wort im ganzen Volk. Wie könnte er dann einen göttlichen Sohn haben? Nein, das kann nicht sein.

Und dass es nun aber doch sein kann, weil dieser Gott sich nicht einmal an seine eigene Schrift hält, weil *er* mit diesem Kind sich selbst überspringt. Und Elisabet, eine Frau (eine Frau!) ist die erste, die es ausspricht und verkündet. Was für eine Predigt …

Sie befreit die neue Wirklichkeit, die in Maria heranwächst, in das gesprochene Wort hinein, macht es hörbar mit leiblichen Ohren, umkleidet das Unaussprechliche mit kraftvollen und zugleich ehrerbietenden Worten. Sie entblößt Maria nicht, sie banalisiert nicht, sie legt ihr ihre Worte um wie einen kostbaren Königsmantel – »die Mutter meines Herrn«. Der Herr, der Gott Israels, ist der König der Welt. Die Mutter des Herrn ist eine königliche Gestalt, inmitten und gerade wegen ihrer schlichten und einfachen Niedrigkeit, die sie selbst niemals infrage gestellt hat.

In der einfachen jungen Frau beginnt die Kraft einer Königin zu leuchten.

Und als solche – als königliche Gottestochter und einfache Mutter des Gottessohnes – singt sie ein Lied, strahlend und voller Kraft, überliefert seit Jahrhunderten, weitergegeben vielleicht von Mutter zu Tochter, durch die Generationen von Frauen, die irgendwann, und sei es nur einmal in ihrem Leben, aufstehen, sich aufrichten lassen zu ihrer wirklichen Größe, die ihnen von Gott zukommt und nicht von Menschenmacht.

Maria singt das Lied der Hanna, das wir oben gehört haben, und das doch nun ihr Lied geworden ist; in der Übersetzung Martin Luthers klingt es so:

Meine Seele erhebt den Herrn,
und ein Geist freut sich Gottes, meines Heilandes;
denn er hat die Niedrigkeit seiner Magd angesehen.
siehe, von nun an werden mich selig preisen alle Kindeskinder.
Denn er hat große Dinge an mir getan,
der da mächtig ist und dessen Name heilig ist.
Und seine Barmherzigkeit währt von Geschlecht zu Geschlecht
bei denen, die ihn fürchten.
Er übt Gewalt mit seinem Arm
und zerstreut, die hoffärtig sind in ihres Herzens Sinn.
Er stößt die Gewaltigen vom Thron
und erhebt die Niedrigen.
Die Hungrigen füllt er mit Gütern
und lässt die Reichen leer ausgehen.
Er gedenkt der Barmherzigkeit
und hilft seinem Diener Israel auf,
wie er geredet hat zu unsern Vätern,
Abraham und seinen Kindern in Ewigkeit.
Lukas 1, 46–56

Wie oft ist dieses Lied besprochen worden. Unzählige theologische Abhandlungen gibt es dazu, Martin Luther hat ihm ein ganzes Buch gewidmet. Wie oft ist es gesungen worden: gezähmt als liturgisches *canticum* in der Vesper, dem Abendgebet der Kirche; als jubelndes Lied zur Ermutigung von Menschen, die wissen, wie Erniedrigung sich anfühlt und ihren »Trotzdem-Glauben« heraussingen, als ungebändigtes Erkennungslied in der Befreiungstheologie. Es ist eine Erinnerung an Maria, die sich auch Protestantinnen und Protestanten erlauben, die sonst mit der »Mutter des Herrn« Mühe haben und an ihr eine konfessionelle Trennlinie erkennen. Wie sehr sich dieses Lied gerade den Protestantinnen ins Herz singen kann, beschreibt Elfriede Teresa Begrich, Regionalbischöfin der Evangelischen Kirche Mitteldeutschlands – eine wirkliche Protestantin und eine beste Freundin, die weiß, wie ein neues Lied ins Leben gerufen wird:

»Alles Glück der Gegenwart und Zukunft umgreift beide Frauen. Eine stille wissende Freude des Glaubens, die dann aus Maria hervorbricht in der schönsten Form der Kündung: Ein Lied geht um die Welt und kommt seit Marias Erstgesang nicht zum Verstummen. Diese Botschaft hat die Welt verändert und wird sie immer wieder umkehren. Revolution als Lobgesang. Beide Frauen sehen nicht aus wie Revolutionärinnen und sind es doch, weil sie mit Gott im Bunde sind, da braucht es weder Gewehr noch Stiefel, es braucht den Blick von Angesicht zu Angesicht und den Halt aneinander und das gesprochene Ja zu Gottes Plan. ›Selig bist du, die du geglaubt hast! Denn es wird vollendet werden, was dir gesagt ist von dem Herrn.‹ Mit diesen Worten grüßt Elisabet Maria, die darauf antwortet mit dem Magnificat, so genannt nach der ersten Zeile ihres Liedes in der lateinischen Übersetzung *(magnificat anima mea Dominum* – meine Seele erhebt den Herrn). Es ist ein Lobgesang auf die Größe und Gerechtigkeit Gottes. Ein Protestlied als Jubelgesang, nach dem Motto Helder Camaras, des brasilianischen Bischofs: ›Lehre mich ein Nein zu sagen, das nach Ja schmeckt.‹

Gottes Zuwendung gilt den Niedrigen, den Armen, den Hungernden, den Namenlosen. Auch Maria und Elisabet leben in der Verkehrtheit der politischen und sozioökonomischen Macht- und Besitzverhältnisse und sie wissen, dass die, die in ihnen heranwachsen, den Riss in der Gesellschaft heilen werden. Der eine – Johannes – als Rufer in der Wüste, der andere als Heiland der Welt. Mit diesem Lied wird Maria zur Mutter Courage der Protestanten und ihr Lied zum Manifest des Protestantismus. Der Lobgesang Marias ist ein politisches Lied, ein Aufruf zum Protest. Es ist uns das Amt auferlegt, gegen alle Erniedrigung und Versklavung der Menschen aufzustehen, alle Verhältnisse umzustoßen, in denen der Mensch verkrüppelt wird an Leib und Seele. Dieses ›Gegen‹ ist ein ›Pro‹, im Namen Gottes für die Würde des Menschen und dessen Ebenbildlichkeit mit Gott. Es ist Gottes eigene Revolution, zu der er Seine Menschen braucht, Frauen wie Maria und Elisabet. Dieses Bild zeigt, die Revolution Gottes anzukünden und in sich zu tragen macht schön, schenkt Größe und Zuwendung, Achtsamkeit und Halt. Wir werden einander brauchen im Anstimmen des Liedes, als Künderinnen dieses Manifestes der Kirche, damit sie da ist, wo ihr Herr steht, und Gott zu finden ist: bei denen, die unten sind, im Dunkel der Erniedrigung und im Schatten des Reichtums. Sie setzt er auf den Thron und füllt sie mit Gütern, damit sie einander begegnen werden wie diese beiden Frauen, als Königskinder Gottes, als Schwestern, von Gott gerufen. Für die vielen, die noch stumm sind, singen; in den Chor derer, die begonnen haben zu singen, einfallen und immer das Lied neu zum Klingen bringen – das ist's, was Gott erwartet von denen, die Ja zu ihm sagen. Denn es ist nicht irgendein Lied, es ist unser Leben, das darin klingt. Und: Wer das Lied nicht singen kann, der fange von vorne an. Das ist jederzeit und an allen Orten möglich.«

»Es ist nicht irgendein Lied, es ist unser Leben, das da klingt«: Also schaue ich mir mein Leben an, den Ort, an dem ich jetzt innerlich und äußerlich stehe. Wo ist da meine »beste Freundin«, mein »bester Freund«, der mich ins Leben ruft, gerade so, wie ich es mir vielleicht leise erhoffe, fast noch nicht glauben kann, aber doch schon spüre in Leib, Seele und Geist? Wer »provoziert« mich, ruft mich heraus aus meiner alten Identität, meiner bisher vertrauten Gestalt?

Und wohin werde ich gerufen? Wie werde ich angeredet von einer, einem, die oder der mich kennt und liebt und in dieser Liebe erkennen kann, wer ich sein werde?

Und wie klingt mein Lied, mein Lebenslied?

Welche Gedanken, Erinnerungen, Bilder, welche Hoffnungen und welcher Glaube gegen allen Augenschein werden geweckt, wenn ich Marias Lied lese, vielleicht lerne? – Es lohnt sich, dieses Lied auswendig, besser: inwendig zu lernen, es Wort für Wort auf das eigene Herz und in den eigenen Verstand zu nehmen – gerade dann, wenn beide mir versichern, dass meine Sehnsucht, meine Hoffnung ganz unmöglich sind, dass das, was ich erträume und als Zukunft in mein Leben hineingelegt weiß, nicht geht.

Es geht eben doch, wenn *er* es so will – denn bei *ihm* ist kein Ding unmöglich.

Bei dir ist die Quelle des Lebens
und in deinem Lichte sehen wir das Licht.
Die Bibel, Psalm 36,10

Der große Tanz

Jörg Zink

Wenn in der heutigen Theologie einige vom »kosmischen Tanz« sprechen wie David Steindl-Rast oder Matthew Fox, dann bleiben sie in der Sprechweise der alten mystischen Tradition und greifen zugleich auf, was von der heutigen Naturwissenschaft her aufs Neue auf uns zukommt. Sie reden mit Kepler von einer höheren Ordnung, die in einem Tanz besteht, in einer harmonia mundi, von einer Welt, die Musik ist.

Tanz ist Losgelöstsein, ist befreite Bewegung, er ist wache Lebendigkeit. Wer tanzt, stimmt sich auf den Rhythmus ein und wird mit der Musik selbst lebendig. Und so wird ihm die Wirklichkeit bis in ihre innerste Struktur, die leuchtet und glüht, durchscheinend auf ihr Geheimnis hin, auf Gott.

Denn jeder Ort ist heiliger Boden, und es gilt, ganz dort zu sein. Jede Zeit ist heilige Zeit. Sonnenaufgang und -untergang, Mondphasen und Stunden, Augenblicke und die Zeit zwischen den Augenblicken wollen eingehalten sein. Es ist der musikalische Mensch in uns, der das bemerkt. Es ist der Maler in uns, in dem die farbige Wirklichkeit sich eine neue Gestalt gibt. Es ist der Dichter in uns, der die Erfahrungen zum Lied macht. Es ist der Tänzer, der nachschreitet oder nachspielt, was im Tanz aller Dinge geschieht. Es ist der Mensch in uns, der die schönen Dinge liebt wie ein Bild an der Wand oder den Ton einer Flöte oder das Licht der Morgensonne in den Ästen.

Der kosmische Tanz will unsere Wandlung. Er will, dass wir die Ruhe in unseren Überzeugungen und Meinungen hinter uns lassen und uns umformen lassen, bis alles an uns Bewegung ist. Der entscheidende Punkt im Tanz ist der Wendepunkt, an dem wir unsere Richtung ändern, um neu aufzubrechen.

So sprechen wir vom »Gipfelerlebnis«, das heißt vom Innewerden des großen Tanzes. Ein Gipfelerlebnis kündigt sich an damit, dass alles seine Wichtigkeit verliert, was nicht ihm zugehört. Damit, dass wir ein »Nichts« erfahren, das uns insofern ein »Nichts« ist, als wir unfähig sind, es zu beschreiben. Über das »Nichts« eines Gipfelerlebnisses denken wir nicht nach. Wir fühlen nicht, was wir fühlen, und erfahren nicht, was wir erfahren. Wir reflektieren nicht darüber, was das sei, was wir erleben. Wir werden aber unser selbst dabei inne. Und wir erfahren, was uns im Gipfelerlebnis begegnet, als wahr, auch wenn wir niemandem sagen könnten, was es gewesen sei. Wir vergessen uns. Und wir sind darin am stärksten wir selbst. Wir können vielleicht nur sagen: Ja! Das ist es!

Wo sind wir denn, wenn uns eine solche Gipfelerfahrung trifft? Wir sind nirgendwo, und wir sind zugleich in allen Dingen, in allen Kräften, in allem, was lebt und ist. Wir sind wie ein Schmetterling plötzlich hier und ebenso plötzlich wieder auf und davon. Und während der kurzen Sekunde der Überwältigung sind wir dort, wo alles immer jetzt ist. Wir erfahren uns ganz als uns selbst, und wir sehen zugleich, dass wir ganz unwichtig sind, dass wichtig nur der Tanz ist, in dem wir uns bewegen. Der Tanz zwischen Leben und Tod und Leben. Und dass wir nicht aus ihm herausfallen können.

Quellenverzeichnis

1 Keine Schwarzmalerei! – Das Leben ist bunt

Anselm Grün, Das Leben ist so bunt, aus: ders., Das kleine Buch der Lebenslust, Anton Lichtenauer (Hg), Herder, Freiburg 2004
Gottfried Bachl, Großzügig sein – Lehren aus dem Garten (Großzügigkeit), aus: Rudolf Walter (Hg), Mit einem weiten Herzen, Herder, Freiburg 2003
Paul Gerhardt, Geh aus, mein Herz, und suche Freud', aus: Evangelisches Kirchengesangbuch
Lorenz Marti, Herzensfreude statt Grübeleien, aus: ders., Wer hat dir den Weg gezeigt? – Ein Hund, Herder, Freiburg 2007
Verena Kast, Freuden neu entdecken, aus: dies., Was wirklich zählt, ist das gelebte Leben, Kreuz, Freiburg 2010
Anton Lichtenauer, Fünf-Sterne-Freuden, aus: ders., Gönn dir einen Stern, Herder, Freiburg 2000
Margrit Irgang, Die Kunst, das Freudenfeuer anzuzünden, aus:, dies., Wunderbare Unvollkommenheit, Zen-Buch der Lebenskunst, Herder, Freiburg 2010

2 Ja sagen: Dankbarkeit macht froh

Friedrich Nietzsche, Ja zum Augenblick, aus: ders., Aus dem Nachlass der Achtzigerjahre, Ullstein, Frankfurt am Main 1979
Richard Rohr, Das »mystische Minimum«, aus: ders., Hoffnung und Achtsamkeit. Der spirituelle Weg für das 21. Jahrhundert, Herder, Freiburg 2002, Neuausgabe 2010
Petra Stadtfeld, Erfülltes Leben, aus: dies., Sei behütet, Kreuz, Freiburg 2010
Notker Wolf, Zur Freude geboren, aus: ders., Gönn dir Zeit. Es ist Dein Leben, Herder, Freiburg 2009
David Steindl-Rast, Staunen und Dankbarkeit, aus: ders., Fülle und Nichts, Herder, Freiburg 1999
Joan Chittister, Das Geschenk der Jahre (Freude), aus: dies., Das Geschenk der Jahre, aus dem Amerikanischen von Bernardin Schellenberger, Kreuz, Freiburg 2010
Jörg Zink, Ekstasen nicht fürchten, aus: ders., Die goldene Schnur, Kreuz, Stuttgart 1999

Anselm Grün, Der Engel der Dankbarkeit, aus: ders., 50 Engel für das Jahr, Herder, Freiburg 2000

3 So viel Schönheit! Augen auf und mit dem Herzen sehen lernen

Anthony de Mello, Sehen können, aus: ders., Gib deiner Seele Zeit. Inspirationen für jeden Tag, Anton Lichtenauer (Hg), Herder, Freiburg 1999

Meister Ryokan, Herbstmond, aus: ders., Alle Dinge sind im Herzen, aus dem Japanischen ins Englische übersetzt von John Stevens, vom Englischen ins Deutsche übertragen von Munish B. Schiekel, Herder, Freiburg 2006

Ingrid Riedel, Von der Schau des Lebens, aus: dies., Geschmack am Leben finden, Herder, Freiburg 2004

Anselm Grün/Johannes M. Roth, Du bist schön, aus: dies., Du bist einzigartig, Herder, Freiburg 2010

Margot Käßmann, Schönheit feiern, aus: dies., In der Mitte des Lebens, Herder, Freiburg 2009

Andrea Länger, Nehmen Sie Liebe an, aus: dies., Das Lebenslust-Prinzip, Praktische Strategien für Frauen mit Krebs, Kreuz, Freiburg 2010

Ingrid Riedel, Schön sein!, aus: dies., Mystik des Herzens. Meisterinnen innerer Freiheit, Kreuz, Freiburg 2010

Dorothee Sölle, Liebe zur Schönheit, aus: dies., Wählt das Leben. Gesammelte Werke Bd. 5, Kreuz Verlag, Stuttgart 2007

Klaus Renn, Freude – schöner Götterfunken…, aus: Rudolf Walter (Hg), Mit einem weiten Herzen, Herder, Freiburg 2005

4 Mit offenen Händen – Freuen können sich alle, die Gutes zu tun haben

Dalai Lama, Auf kluge Art egoistisch sein, aus: ders., Der Weg zum Glück. Sinn im Leben finden, Jeffrey Hopkins (Hg), aus dem Amerikanischen von Johannes Tröndle, Herder, Freiburg 2006

Henning Scherf, Aktivitäten, aus: ders., Grau ist bunt. Was im Alter möglich ist, Herder, Freiburg 2004

Anthony de Mello, Alles, was dein Herz begehrt, aus: ders., Gib deiner Seele Zeit. Inspirationen für jeden Tag, Anton Lichtenauer (Hg), Herder, Freiburg 1999

Ruth Pfau, Die Angst loslassen und springen, aus: dies., Und hätte die Liebe nicht, Herder, Freiburg 2010

David Steindl-Rast, Die Arbeit genießen (Prim – Bewusster Beginn), aus: ders. mit Sharon Lebell, Musik der Stille. Die Gregorianischen Gesänge und der Rhythmus des Lebens, vollständig überarbeitete Neuausgabe, Herder, Freiburg 2008

Mark Vernon, Arbeiten heißt Sinn finden, aus: ders., Das Wichtigste über das Leben, das Universum und den Rest. 42 philosophische Kurztrips, aus dem Englischen von Dorothea Devic, Herder, Freiburg 2010

Richard Goodman, Routine, aus: ders., Mein Garten in der Provence. Eine Geschichte über Sonne, Arbeit, Tomaten und Zucchini, aus dem Amerikanischen von Christina Kotte, Herder, Freiburg 2006

5 Klarheit, Licht und Weite – Freude ist ein großes Gefühl

Hermann Hesse, Im Reigen der Welt (Atem in vollkommener Gegenwart), ders., Gesammelte Werke, Bd. 8, © Suhrkamp Verlag, Frankfurt/Main 1970

Fulbert Steffensky, Schön und wahr, aus: ders., Feier des Lebens. Spiritualität im Alltag, Neuausgabe, Kreuz, Freiburg 2009

Dorothee Sölle, Freude spüren, aus: dies., Du stilles Geschrei. Wege der Mystik, Gesammelte Werke Bd. 6, Kreuz Verlag, Stuttgart 2007

Traugott Schächtele, aussichts reich, aus: ders., Was glauben die, die glauben?, Kreuz, Freiburg 2010

Margrit Irgang, Klarheit, Licht und Weite – Die Bergphase, aus: dies., Geh, wo kein Pfad ist, und hinterlass' eine Spur, Herder, Freiburg 2010

Anthony de Mello, Frei werden, aus: ders., Gib deiner Seele Zeit. Inspirationen für jeden Tag, Anton Lichtenauer (Hg), Herder, Freiburg 1999

Katharina Schridde, Wie klingt mein Lebenslied?, aus: dies., Maria – Königin und Kämpferin. Ein spiritueller Erfahrungsweg für heute, Kreuz, Freiburg 2010

Jörg Zink, Der große Tanz, aus: ders., Dornen können Rosen tragen, Kreuz, Stuttgart 1999